「対話」で教職員の心理的安全性を高める！

みんなが安心・成長できる学校のつくり方

公立小学校長
加藤敏行

JN105688

教育開発研究所

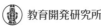

はじめに

本書を手にお取りいただき、ありがとうございます。

ひょっとしたらあなたは、「『対話』が大切なのは理解しているが、学校はとにかく多忙で時間の捻出が難しい。どうやって『対話』の場をつくればよいものか」「教職員間の安心・安全の関係性が『対話』の鍵となるはず。本音を言い合える組織になっているだろうか」などと、悩まれたことがあるのかもしれません。

実は私も、かつては同じ思いでした。しかし、学校教育活動において「対話」が重要であることは誰もが分かっているわけですから、「まずはやってみましょう！」と管理職が決意をもって始めることが肝心です。

ですが正直なところ、私の当時の勤務校である東京都日野市立滝合小学校での動き出しは、まるで出口の見えないトンネルのような状態でした。

それでも令和2年度から3年間、滝合小学校において「対話」に真剣に取り組んだ結果、先生方に自己肯定感の高まりが見られるようになり、教職員間の意思疎通の円滑化が進み、結果的に学校全体の働き方改革につながりました。何より先生方の表情が大きく変化し、前向きになった姿勢を目の当たりにして驚いたのと同時に、私は「『対話』をやってきて本当によかった」と改めて実感したのです。

本書の第1部ではまず、本質的な「対話」の定義や「対話」がもたらす絶大な効果、学校経営へのメリットについてお伝えしていきます。

滝合小学校での実践経緯は次のとおりです。

令和2年度から令和4年度までの3年間、日野市教育委員会から財政的支援を受けながら、「研究奨励校として『対話』の研究をやってみませんか」とのお話を令和元年度にいただきました。その年度始には、第3次日野市学校教育基本構想が策定され、5ヵ年計画の1年次が始まったところだったのです（**図参照**）。

この教育ビジョンには三つの柱が

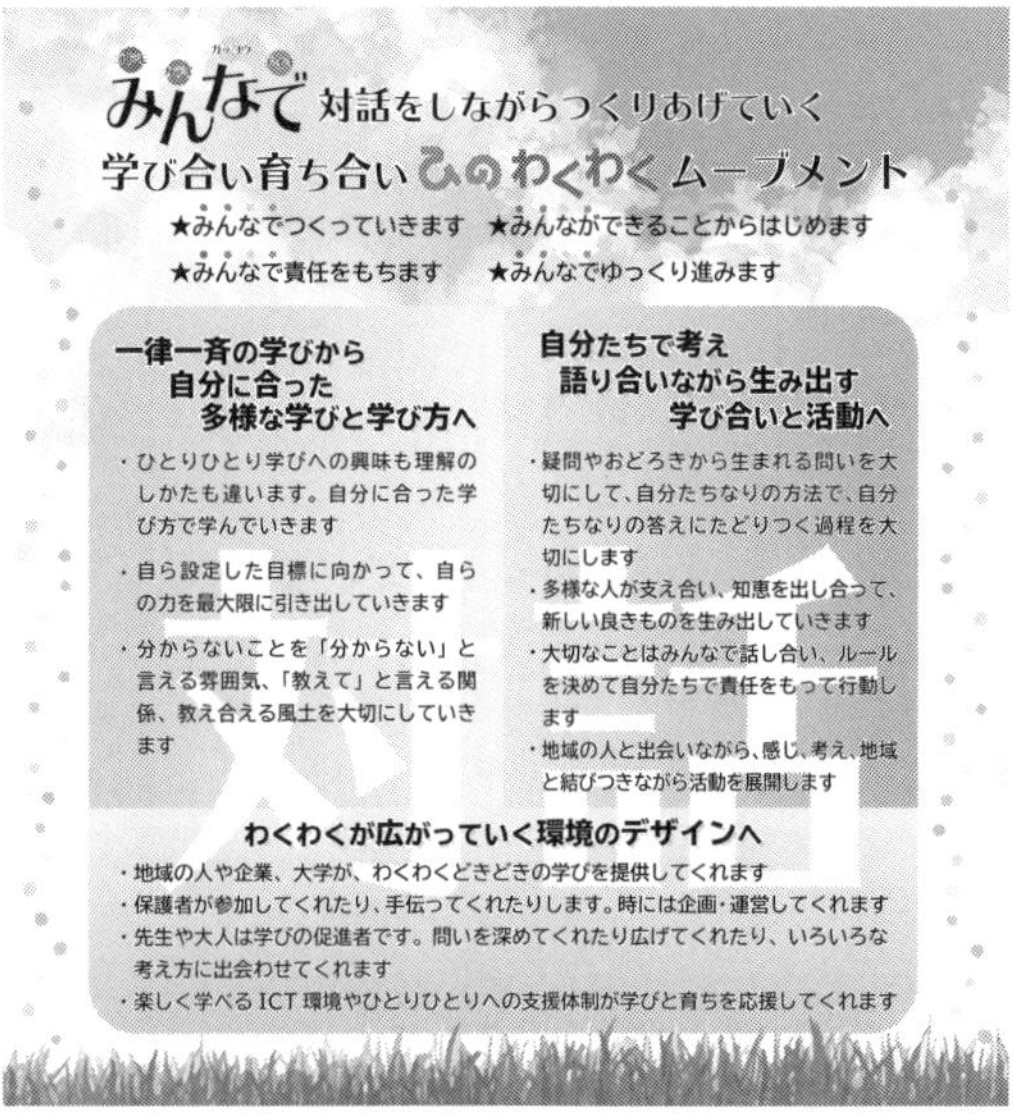

第3次日野市学校教育基本構想（一部抜粋）

あります。一つめは「一律一斉の学びから自分に合った多様な学びと学び方へ」。二つめが「自分たちで考え語り合いながら生み出す学び合いと活動へ」。三つめが「わくわくが広がっていく環境のデザインへ」。それら三つを根底でつなぐものが「対話」となっています。

この3次構想の具現化を期して、令和元年夏に日野市主催の全体研修会が行われ、「対話」の研究者である渋谷《しぶたに》聡《さと》子《こ》氏がご講演くださいました。そのとき私は初めて、「対話」の素晴らしさや可能性について知ったのです。

しかし同時に、「『対話』を学校現場にどのように浸透させたらよいのか。保護者や地域を巻き込みながら学校全体で適応させるのはすごく難しそうだ」「どのようにすれば子供たちに対話力を身につけさせられるだろうか」など、いくつもの壁が立ちはだかっていることに気付きました。

さらに「一番難しいのは『教員』かもしれない。プライドの高さが『対話』の重要な要素と言われている内省（自己との「対話」）を邪魔するかもしれない」との思いが頭をよぎり……、嬉しいけど困ったなという、はじめは複雑な気持ちでした。

また、皆さんご存知のとおり「管理職 vs 一般の教員」というような対立構造が学校に存在することがあります。私は校長として、日野市教育委員会の意を受けて「『対話』による学び」を追究する心が定まりましたが、一般の教員からすればなぜ唐突に始めるのかと、温度差がとても大きいことを実感していました。どのようにすれば先生方はやる気になってくれるだろうか、まさに校長の手腕が問われる場面であり、悩みどころでした。こうした壁をどう乗り越えていったのか、詳細は【第2部「対話」による学校づくり】と【第3部「対話」による人材育成】でお伝えしたいと思います。

なお、本書では研究奨励校としての取組をもとに述べておりますが、どの学校でも取り組めるヒントをご紹介しています。ぜひご自分の学校だったらどのように展開できるかを想定いただきながら、お読みいただけましたら幸いです。

＊

ところで、これからの多様性の時代を生きる子供たちにとって、「対話」は一層鍵になってくると思われます。自分との「対話」、そして自分とは違う相手との「対話」。そこから紐づいた気候問題や食料問題、紛争などとの入り口が自分との「対話」の起点となります。子供たちの「対話」を深められるかは、子供の近くにいる大人が自分との「対話」、自分とは異なる考えの人との「対話」をどれだけ深めているかが重要となってきます。

そして焦らず弛《たゆ》まず、皆で「対話」を重ね、自らが変わることの喜びを感じながら進んでいく経験は、夢や目標を実現し未来を創造するうえでも、大きな力になっていくと私は確信しています。

さて、夢と言えば、私は小学校の頃から学校の先生になりたいと思っていました。しかし家庭は経済的に大変厳しいものでした。父親は建築家でしたが、私が4歳のときに交通事故で急逝。父が設計し施工した自慢のアパートに住んでいましたが、父の死とともにその思い出の場所から引っ越さなければならなくなりました。母の手一つで私と兄の二人を育ててもらいましたが、母には筆舌に尽くし難いほど苦労があったことと思います。私も父を失った悲しみと貧困生活のなかで、自分の夢さえ忘れかけていましたが、近所にお住まいで何かと父親のように声を掛けてくださった恩師から、「君の夢は何だ？　夢を決して忘れるな」との一声でエンジンがかかり、こうして今日までこの仕事を天職と思い貫かせていただいております。

私の教師としてのポリシーは、何某かの理由から勉強したくてもできない人、様々な理由で学校に行けない、行きたくない人などの応援団になることです。そのために今日まで生かされているような気がしています。

本書を通して、私のこれまでの経験や、「対話」を通しての学びが誰かのお役に立てるのであれば、これほど嬉しいことはありません。

令和6年1月　　加藤敏行

目次

はじめに　3

第1部 — なぜ学校経営に「対話」が必要なのか　13

1 「対話」とはどういうことなのか——「会話」「議論」との違い　14

2 「対話」の基本的な考え方・進め方
——現状をありのままに受け止め、教職員に寄り添う　17

3 学校経営で管理職が「対話」するメリット
——教職員の心理的安全性を高める　22

4 子供も教員も成長する喜びを実感する——数値化が難しい「対話」の力　26

5 立ちはだかる「対話」の壁——留意すべき三つのポイント　28

6 「対話」を学校経営の根底に置く——中心にいるのは子供たち　33

7 「対話」で教職員を育成する――人間力UP！ 38
8 「対話」で子供を育てる――思考力・判断力・表現力、心が豊かになる 41
9 「対話」で保護者・地域と連携・協働する――同じ目線になってみる 43
10 学校経営で「対話」が日常的になると――これまでの「あたりまえ」を超えて新しい未来を共に創造できるようになっていく 49

第2部 ――「対話」による学校づくり 55

1 「対話」する環境をどう整えるか――効率のよい「三つの柱」 56
2 「対話」の本質を教職員にどう理解・浸透させていったか――コアチームづくりと信頼関係の構築 63
3 「対話」の質をどう高めていったか――心理的安全性の確保をベースに 73
4 「対話」で教職員が育つとはどういうことか――相互作用がもたらす学び合い 82

5 保護者・地域・外部機関との「対話」をどう実践していったか
——互いの願いを「対話」で結ぶ 88
6 管理職と子供との「対話」——「対話」のチャンスを見逃さない 94
7 「対話」をどう評価していったか——みんなの「やる気」と「笑顔」が指標 105

第3部 ——「対話」による人材育成 111

1 真面目で努力家だが自信がない。
そんな若手教員の心を開いたのは「安心感」 112
2 センスのいいミドルリーダーがさらに磨きをかけ、
学校運営の視点を身につけた 118
3 「授業名人」のベテラン教員が「指導・助言名人」の〝師匠〟へ 124
4 初めは意欲の見られなかった中堅教員の〝劇的ビフォーアフター〟 130

〔座談会〕「対話」で私たちの学校はこう変わった
～新旧研究推進委員長・副校長の本音トーク　137
〔寄稿〕「対話」による加藤校長先生の変容　152
合同会社ファミリーコンパス代表　渋谷聡子
おわりに　156

第1部 なぜ学校経営に「対話」が必要なのか

1 「対話」とはどういうことなのか――「会話」「議論」との違い

現行学習指導要領で実現が求められている「主体的・対話的で深い学び」の目的は、子供たちが生涯にわたって能動的に学び続けられるようにすることです。そのうち、「対話的な学び」とは、中央教育審議会答申で「子供同士の協働、教職員や地域の人との対話、先哲の考え方を手掛かりに考えること等を通じ、自己の考えを広げ深める」こととされています（傍点筆者）。

ここで示される「対話」を理解するためには、大きく三つの分類「会話」「議論」「対話」で整理しておく必要があります（以下、渋谷氏の講義資料をもとに記述）。

「会話」は「conversation」。いわゆる親しい人同士のおしゃべり。あたりさわりのない会話で、丁寧なやりとりですが様子を伺っているような態度であるため、それぞれが何を考えているか見えにくい状態でもあります。そこで誰かが本音を述べ始めると対立観に立った「議論」になりますが、衝突を避けたいとの心理が働いて、あたりさわりのない会話に戻ろうとすることが多いのです。「会話」と「議論」をするうちに、「対話」することを諦めてしまう場合が多いのではないでしょうか。

そして「議論」は「discussion」。自分の意見がいかに正しいかを論理的に組み立てて主張し説得する行為で、価値観を一つにする方向のコミュニケーションです。外側の相手に意識が向いている状態とも言えます。

一方、「対話」は「dialogue」。自分や他者が主張を変える、あるいは変わることを前提に行うものです。お互いの主張を述べ合い、そして傾聴し合う過程で、「私がここまで本気になって相手に理解してもらいたいことは何だろう」と自分に意識を向けることで、自分の願い（ニーズ）に気付き【自己共感】、これまで理解できなかった相手にもその人なりの願いがあると気付くことができます【他者共感】。これが相互理解にあたる【共感的・内省的な対話（Reflective Dialogue）】です。

そしてさらにその奥に、【生成的な対話（Generative Dialogue）】があるとされています。自分と相手との間に存在する「こうあるべき」「こうするのがあたりまえ」といった、これまで自分がずっと大切にしてきた固定概念を一旦脇に置いて、相手にどのようなニーズがあるのかを軸に「対話」していくのです。

自分にとって慣れ親しんだ価値観や居心地がよいと感じる領域から踏み出そうとするだけでも並大抵なことではありません。「対話」は多くのエネルギーや根気強さが必要ですし、時に自分の嫌な部分にも向き合わなくてはならないなど、決して楽なものではありません。

しかし「こうあるべき」「こうするのがあたりまえ」といった固定概念を超えて新しい未来を共に創造していこうと踏み出して「対話」するところに、人としての成長があり、これからの時代を切り開いていく鍵があるとされています。

このように本質的な「対話」とは、「自他の意見の奥にあるそれぞれの『願い』に気付き、自分の中で内省し、それを相手や周りのみんなと共有していくプロセス」を意味します。その入り口は自分との「対話」です。改めて自分自身と向き合い、

・自分は今、どういう気持ちなのか
・自分はどうしたいと思っているのか

というプロセスを経ないと、本質的な「対話」には入っていけませんし、深まっていきません。そこからつながる相手との「対話」では、自分とは考えも経験も異なる人の願いを自分から聞きにいくという、かなり積極的な意思や行動を必要とします。

「会話」ではそこまでの積極性は必要ありません。「あぁそうなんだ」と相づちを打つなど、ただのおしゃべりでも会話は成り立ちます。しかし本質的な「対話」は単なる会話とは異なり、よほどの心構えがないと進めることはできません。そこに「対話」の難しさがあると言えます。

2 「対話」の基本的な考え方・進め方 ――現状をありのままに受け止め、教職員に寄り添う

(1) 鳴くまで待とうホトトギス

「対話」の校内研修に出席した先生方の感想は次のとおりでした。

・もともと自己開示は得意なほうだ
・相手の気持ちを聞きにいくのは苦ではない
・自分の心はよく分からない。「対話」は苦手
・心の中を見られたくないし、他人に踏み込まれるのは違和感や不安がある

このように「対話」に対する教員の温度差は、既にスタート時点からありました。なかには「あ、いや私はもう結構です」と言って、渋谷氏を招聘した研修の場から出て行ってしまった先生もいたのです。常識から言えば、大切な校内研修の場ですから、退席するなどもってのほか。しかし、相手のロジック（論理）を理解するのも「対話」の研修会の目的であることからすれば……と、私はモヤモヤしていました。

ところが渋谷氏はこうおっしゃるのです。

「加藤さん、ありのままでいいんです。本質的な『対話』が得意な人もいれば、不得意な

人も当然いる。すぐに習得する人もいれば、ゆっくり習得する人もいる。それはもう千差万別だから、そのくらい緩みがあることを前提に対話的な学びを進めていくことが大事です。それは子供たちと向き合う教師の姿勢と同じなんですよ」

私はこのときに初めて、「こうあるべき」「こうするのがあたりまえ」と凝り固まった考えが強いことを自覚しました。教員という仕事の性質上、また校長という立場的にも、四角四面になりやすいことに気付けたのは大きかった。それからは法令違反となるような事態は論外ですが、極力ゆったりと構えて、先生方のニーズを感じ取ることに重点を置いて取り組みました。

「鳴かぬなら 鳴くまで待とう ホトトギス」。かなり緩やかに、教員一人一人のスイッチが入るまで、じっくりと信じて待つ。そして「自分にも考えはあるが、相手の考えも確かにある」という理解がないと「対話」は成立しません。「それもありだな」――たった7文字ですが、異なる価値観を無条件に認めるこの言葉は非常に奥深いと私は思います。

そうは言いながらも、管理職は時間の進行とともに成果を上げなくてはならない立場でもあります。日野市教育委員会は「対話」を極めることは容易いことではなく、多くの時間を要することを見通して、無理に成果を出そうとしなくていいし、研究発表も必ずしも求めない旨を伝えてくれてはいましたが、やはりプレッシャーを感じていました。そこで私は次のように心を定めました。

「『対話』の研究は未知なる世界へのチャレンジだから、どのようにすればどうなるのかを見通すのは難しいけれども、教員のニーズに寄り添いつつゆったりと、でもしっかりと歩みの記録を取りながら、一つ一つ明らかにしていこう」。

そして「いつの日かこの学校を豊かな『対話』がごく普通になされるような学校にしたい」との熱願を心の中で密かに思い描いていましたが、予想に反して「嬉しい誤算」とでも言いましょうか、先生方が内発的にどんどん変わっていったのです。これには本当に驚きました。

３年次の研究発表会を控えた頃には、「自分たちのオリジナルの研究成果を広く発信していきたい！」と先生方のモチベーションは最高潮になっていったのです。校長としてこれ以上の喜びはないと感じました。

(2) 校内研究を進めるための準備

校内研究を実施するに当たり、私が心掛けたことは次の三つです。

①教員のニーズに寄り添うこと

②「よい研究だからやりましょう」とは一切言わないこと（「これがいいよ」と勧めても、

その人の中で腹落ちしなければ自分の足で歩んだことにはならない）

③「対話」の専門家を招き、その方からとことん学べる場面を用意すること

③に関しては研修奨励校の利点を生かした部分ではありますが、本書で述べる方法を参考に、読者である校長先生や副校長先生（教頭先生）が、所属の先生方を「対話」の世界に導いていただければと思います。

さて、次年度の研究奨励の予算措置については、どの行政区でも前年度のかなり早い時期に各校長への投げかけがあり、受諾の意思を問われます。しかし、教員が次年度に取り組む研究テーマの意向を固めるのは、それよりもかなり後の時期になることが多いと思います。両者にはタイムラグがあるため、校長のトップダウンとならざるを得ない事情があるのです。多くの場合、「これをやりなさい」という、いわゆる「研究をおろす」ことが一般的だと思います。

しかしそれをやってしまうと、私の経験上、教員はもう「やらされ感」でいっぱいになってしまいます。「校長が言うからやらなきゃいけない。しょうがない、やるか」とブツブツ言いながらイヤイヤ取り組むことになりかねません。表面的な笑顔とは裏腹に、実は我慢を強要している場合が多いのです。こと「対話」の研究ですから、私は強要だけはしたくありませんでした。「対話」には学校や教員をよい方向に変えられる可能性がある

はずだから、研究する意味を理解してもらいながら進めていこうと思い、校内研修の機会とうまく組み合わせながら、ほぼ全体の意見が調整されるまでコツコツと伝えていこうと考えました。「来年はこのような方針でいきましょうか」と、時間をかけてゆっくり熟成させていくイメージです。まるで「だまし討ちではないか」と誤解されそうですが、予算計画は前年度から立てておかなければ執行できない仕組みになっている以上、いたしかたありません。

先にお伝えしたとおり、私は「『対話』は学校に関わるみんなのためになる」という信念をもって、全教員に先行して研究奨励校をお受けしましたので、このようにして研究の態勢を整えていきました。

そして「対話」を学校経営の根底に定めました。講師を招くための準備を整え、徐々に教員全体を前向きにしたところで、満を持して「実はこういう研究があるのですが、皆さんやってみませんか」と呼びかけたのです。

3 学校経営で管理職が「対話」するメリット
——教職員の心理的安全性を高める

(1) 委ねる喜び

学校経営における「対話」のメリットは確実にあります。それは真剣に取り組みさえすれば、間違いなく手応えを感じられるであろう、普遍の真理のような感じがします。

例えば「教室は安心して間違えていいところ」と同じように、教職員や学校全体がどんな発言をしても受け止めてくれる環境が「対話」によってつくられていくことで、心理的安全性を高めることにつながっていきます。

ただし、子供と大人は事情が異なります。大人は人生経験を積んでいるが故に、経験が邪魔をしてあれこれ考えてしまいがちで、自分の枠を外して心の扉を開けることが難しい。自分の心の扉を開けていない大人が、子供に扉を開けさせようとしてもそうはいかないわけです。

大人自身が心の扉を開けることによる「よさ」を体験してこそ、初めて子供に自信をもって指導したり、待ってあげることができるようになります。さらには保護者や地域の方との対応も、消極的にはならずに「難しいが不可能ではない」と希望をもって、一歩を踏み出せるのではないでしょうか。

このように実践者自身が「対話」の「よさ」を体得しない限り、よい指導はできないと感じます。ここにも「対話」の難しさがあるのです。

話はやや飛びますが、滝合小学校で「対話」の研究を始めて2年が経ち、学校全体が「対話」をそれぞれ理解しだした頃です。まるで泉が湧き出すように、先生方の「対話」による好影響が次から次へと波及していく様子を見て、管理職として、もう嬉しくて楽しくて頼もしくてたまりませんでした。

最終的には、安心して委ねる喜びを感じました。先生方が主体的に学校課題の解決に動き出すなど、間違いなく「対話」によって、学校経営そのものが全体的によくなってくる手応えがありました。管理職を遥かに超えるアイデアや「対話」から生み出されるたくさんのつながりをまざまざと見せられたとき、「なんて素晴らしい世界だ！」と感動したものです。

(2)　働き方改革の実現

次に、学校が心理的安全性の高まった環境になると教員同士が以心伝心をできる状況となるため、余計な気遣いをする必要がなくなります。いきなり本題から入れる会議運営などが可能となるのです。しかも互いのロジック（論理）を理解しているので、本音で話しても「何か言われるかもしれない」「批判されたらどうしよう」と不安になることはありません。ある人に強い口調で言われたとしても、「この人はいつも強い言い方をするから、こんなふうに受け止めればいい」と、笑って清々しく話ができるようにもなります。

一方、ロジック（論理）を知らない者同士だと「この人はどんな人だろう？」から始めなくてはならず、相手の様子を注意深く観察しながら手探りであれこれ考えて話をしなければならないでしょう。

「対話」により心理的安全性の高まった環境においては、「自分はこう思う」という主体的な姿勢で相手との「対話」に入っていくことができます。もちろん、そのほか全員も個々の考えをもっているのが当たり前の状態で「対話」が進んでいくので、互いに思いを受け止めつつ創造的なアイデアが出やすくなるのです。

したがって無駄な時間がどんどん削られ、効率的なやりとりになっていきます。それまで通常1時間かかっていた会議がたったの15分で終わってしまうこともありました。すなわち、これこそが働き方改革の具体と言えます。気心が知れているので反応も早くなる。とはいえ、それが最初からの目的だったのではなく、「対話」を進めていった結果として「働き方改革」につながったということです。

まとめると、子供を「主体的・対話的で深い学び」に導いていく以前に、学校経営において、まずは私たち教職員の基盤をしっかりと「対話」によって構築していく必要があるのです。

(3) 組織全体が育つ喜び

管理職が「対話」を軸に学校経営を進めていくことにより、時間は要しますが、組織全体が育つ喜びを実感することができます。同様に、「対話」の成果を実感する人が教員の中にも増えてくるため、相乗効果で学校全体が実りを得られていくのだと思います。滝合小学校では「対話」を通して互いに尊敬し高め合える、よりよい人間関係が醸成されていく様子を嬉しい気持ちで見守ってきました。

私は現在、異動して同じ市内の豊田小学校で勤務していますが、滝合小学校で共に過ごした先生方に、少なくとも私はまた会いたいと思っていますし、また一緒に仕事ができたらいいと思える先生がたくさんいます。滝合小学校で共に学んできた仲間がやがてそれぞれ異動して、赴任した先の学校で、「対話」を実践していってくれたら嬉しいです。

4 子供も教員も成長する喜びを実感する——数値化が難しい「対話」の力

(1) ポイントは熱意

ここまで、学校における「対話」の実践を進めることは、教員同士が安心できる環境の中で自分の個性をどんどん出し合いながらよりよいものを創っていく鍵になるということをお示ししてきました。そして「対話」を学んだ教員の学級においても、プラスの変化が必ず現れてきます。

一般的に小学校高学年になるにつれ、子供たちは次第に口数が減ってきたり、異性を意識し始めます。「こういうことを言うと誰かに見られてしまうかも」などと、思春期に近付くと周囲の目を気にすることが多くなってくるものです。ところが、「対話」を学んだ学級担任のもとでは、それと逆行するように、子供たちが安心して自分を出せるような集団に生まれ変わっていったのです。

ただしこれには個人差が認められました。「対話」をおおむね理解するまでの期間は、人それぞれです。早い教員もいれば遅い教員もいます。3年間実践を重ねても、あまり顕著な成果が見られなかった学級もありました。その理由としては、「対話」への温度差と言いましょうか……教員個々の理解の程度や熱意だったのかもしれません。「自分もやってみよう！」という積極的な熱意です。そうしたものが教員の側になければ、いくら周りが成長していったとしても、その学級の「対話」の力は伸びていきにくいでしょう。私はこれまでの経験から、「対話」を実践していけば、遅かれ早かれいつかは必ず芽が出ると確信していますが、そこにどれだけの教員の熱意があるのかがポイントになると思います。

まずは先輩教員として、「対話」での「実り多きは自分自身」であることを緩やかに伝えながら、そして管理職として、先生方の成長を信じて待つことが基本的な姿勢になると思います。

(2)「対話」力の尺度

「対話」は内的な世界です。言葉として口に出てくるものだけが「対話」とは限りません。心の中の動きも含めたものが「対話」ですので、効果測定が極めて難しい。果たして、教員の「対話」力がどの程度上がっているのか、物差しのような普遍的な尺度は存在していないと思います。

それは子供たちの「対話」力についても同じことが言えます。どの程度できればよいか、感覚的につかめるものもあるとは思いますが、定量的に成果を表すことができるかというとその尺度がありません。また、プラスの変化が可視化されなかっただけで、内面的には育っているものがあるかもしれません。

3年間の研究発表を終えたその日のこと。私は率直に講師の渋谷氏に尋ねてみました。「これまで『対話』に取り組んできて、素晴らしい成果を感じていますが、果たして『対話』の力がどの程度伸びているかという尺度のようなものはあるのでしょうか」

すると渋谷氏は「加藤さん、そのとおりです。ちょうど今、それを研究しているところなのです」とのことでした。つまり登山に例えるなら、それぞれ違うルートで山登りをしていても、目指す頂上は同じなのだということが理解できました。

「対話の尺度」については、今後の重要課題として、これからも研究を続けていきたいと思っています。

5 立ちはだかる「対話」の壁――留意すべき三つのポイント

(1) 顕在意識と潜在意識

氷山は、水面上に見える部分はほんの一部であって、水面下にある部分の方がはるかに大きいものです。全体を見るときには、氷山の見える部分だけに注目するのではなく、水面下の見えない部分を見ようとする視点が重要と言えます。この「氷山モデル」の考え方を「対話」に当てはめると、氷山の見える部分、すなわち「意見」のように顕在意識として表される情報・刺激・思考は、全体の5～10％に過ぎません。一方、氷山の水面下の見えない部分、すなわち言語化されないような潜在意識は、全体の90～95％をも占めるのです。

「対話」とは「自他の意見の奥にあるそれぞれの願いを内省し、共有していくプロセス」ですから、とくに奥底に沈んでいる一人一人の心の願いに視点を置くよう、留意することが大切なのだと思います。

(2) 管理職だからこその柔軟な姿勢と覚悟

実は管理職という立場が「対話」を妨げることがあります。「私の言うことは絶対」「自分がルール」のように、管理職風を吹かせながら「対話」への取組を無理強いしたところで、教員たちは「やらされ感」を抱くだけです。私自身もそんな管理職になってしまう危険性があると常に自覚していました。自分自身にいつでもブレーキをかけられるように、管理職こそ真剣に「対話」を理解して取り組まなければならないと思っています。教員たちも頑張って「対話」に取り組むのですが、管理職はもっと頑張らなくてはならない。「どのようなことにも身を低く」との覚悟をもつこと、言わば自分との闘いです。

そのため、管理職であることを一旦横に置く必要があります。管理職は学校経営での裁量や権限を与えられていますが、それらの枠をあえて外していくことが管理職の「対話」の重要な要素です。それが学校に「対話」を浸透させていくための原点となり、「対話」に基づく学校経営の基盤となります。管理職としての立場がなくなると心配される方もいらっしゃるかもしれません。しかし勇気を出してフラットにしていくことが「対話」を浸透させる鍵となるのです。このことで管理職自身が変わることもできるのです。

もちろん管理職の立場を完全に忘れるという意味ではなく、法令上遵守しなければならないことを踏み外したり、社会通念上、誰が見てもおかしいということを容認するわけではないことも申し添えておきます。可能な限り柔軟に対処していきましょう。

そのうえで教員に寄り添いながら、一人一人の可能性を信じて待つ姿勢が大切。これまで述べてきたとおり、「対話」では自分の内面をさらけ出す必要があるので、人によっては辛くて避けてしまいたくなることもあります。「自分はこれ以上無理だ」と思う限界値・限界点を外す（＝「エッジを外す」）ことがどれだけ大変なことか。先生方は日々の経験からその大変さを知っているので、「そんな難しいことにチャレンジしたくない」などの自分を守るような気持ちになっても不思議ではありません。個人差はありますが、実際にそのような場面がいくつもありました。

しかし教員には、「よりよい授業を創っていきたい」という思いが根本にあります。悩みながら、揺れながら、葛藤しながら前に進もうとしている息吹を管理職はいち早く察知し、受け止めて、相手に合わせて待つことが大事です。

所属教員を管理・監督するのが校長の職務ですが、「対話」の実践は、管理・監督の在り方を大幅に見直すきっかけにもなるのです。

(3) 「〇〇すべき」ではなく、常にフラットであること

「対話」を誤った解釈で進めていくと、独りよがりに陥る危険性があります。

例えば、教員の「〇〇すべき」「〇〇しなくてはならない」といった指導です。皆さんの学校でもよく見られる光景ではないでしょうか。これは我々の仕事、教員の特性かもしれませんが、子供たちをよりよい方向へ導こうとするあまり、強く言いすぎてしまう傾向があります。すると「対話」ではなくなってしまい、結果的に「対話」をしていると言いながら、相手を言って負かすような「議論」になりかねません。さらには子供たちの主体性を伸ばすどころか、かえって萎縮させてしまうでしょう。

「対話」では、話を聞く側に「こうあるべき」「こうするのがあたりまえ」という考えや価値観があったとしても、それらを一旦保留にし、相手の話を傾聴します。

これは人間の精神作用としてはとても難しいのですが、話をする側が常識外のことを言ったとしても自分の意見をひとまず横に置いて、「なるほど、あなたはそのように考えているのですね」というようにしなやかな受け止め方を心がけたらよいでしょう。聞き手側の価値基準で頭ごなしに否定し、「いや、あなたはそう言うけどね」と切り返せば、意味のない論争に発展してしまう恐れがあります。

しかしながら、まずは「自分はどうしたいのか」という意見をもっていることが前提です。傾聴するとはいえ、相手の主張にただ流されるようになってしまっては「対話」とは言えません。

つまり、自分の主義主張はもっているが、必ずしも相手に同意を求めないことです。「自分の考えがあったとしても、相手は相手でまた違う考えがあることが当然なんだ」とフラットな姿勢でいることが「対話」の前提ルールです。それを踏み外すと、大変危険であることを忘れないでおいていただきたいと思います。

逆に「対話」の方法をある程度マスターした教員が、それを悪用することも可能ではないかとも感じています。例えば、子供に「なんでも言っていいよ」と安心させておきながら、子供が「実は万引きしました」などと告白したら、「なんでそんなことをするんだ！」と激高する。

「対話」の前提ルールをしっかりと押さえながら実践しなければ、「対話」が深まるどころか方向性を見失ってしまう恐れがあることを、管理職として教員を指導していく必要があります。

6 「対話」を学校経営の根底に置く——中心にいるのは子供たち

(1) それぞれの立場から子供を見守り育てる

ある日のことです。現任校の豊田小学校ＰＴＡ委員の方が、私を訪ねて来られました。その方は滝合小学校のＰＴＡ会長さんの後輩という関係で、渋谷氏の「対話」の講座にも自ら進んで学んでいる最中ということでした。そのときにふと、「対話」というものは全ての人間関係を結ぶとても重要な、自然界で言えば空気のようなものなのだと思いました。つまりみんなにとってすごく必要なもので、意識しなくても存在はしている。しかし、意識すればするほど、「対話」は意味をもってくるのです。

そして、保護者の方々と我々教員が「対話」という共通の基盤を意識してもちながら、様々な課題の解決に向けて協働していくと、たとえ立場が異なっても信頼関係を築きやすいことが分かってきました。

「対話」をすると相手の痛いところも分かりますし、自分が言いたいことを相手が感受してくれたりもします。時間はかかるのですが、「対話」によってお互いの関係がつながり、やがて学校経営全般がよい方向へと進んでいくのです。

これはおよそ学校の教員だけの範疇にとどまる話ではなく、教員と子供、子供同士、教員と保護者・地域というように、「対話」はお互いの立場を超えて、未知なる世界を切り開くきっかけとなるのです。

(2) 「シンパシー」から「エンパシー」へ

ところで、教員も保護者も同じPTA会員です。とはいえ、教員が保護者に対し上から目線で接したり、保護者が教員のお伺いを立てるような関係では「対話」は成り立ちません。

「対話」に欠かせないのはエンパシーです。感じ入るということ、相手はどんなことにニーズがあるのかということに及んでいかないと、一方的な話になったり、どちらか声の大きく強い方が支配するようになってしまいます。同じ目線の保護者同士においてはシンパシーやエンパシーが成立しやすいので、そこから少しずつエンパシーの輪を広げ、さらに地域の間でも「対話」が広がっていくことが理想です。

ちなみにシンパシーとエンパシーとは混同されがちですが、違いがあります。

シンパシーとは「同情」の意味をもつ言葉で、シンは「同時に」、パシーは「痛み」という意味です。似たような経験があったり、自分の価値観と相手の価値観が同じだったりしたとき、自然に湧いてくる同情のような心情です。同じ気持ちになれる人と話していると楽になるし楽しいと思います。誰もが自然にできることです。

一方、エンパシーとは「共感」の意味をもつ言葉で、エンは「相手の中に入っていく」という意味なのです。自分と相手とを同一視せず、意見や価値観が合わない相手であっても、その人の感情に共鳴し、願いを理解していく行為です。「あっ、そこにしんどさがあるな」「確かにそれは苦しいね」などと、相手の気持ちや感情、本当に大事にしたいことに意識を向け「共感」することです。

その際に難しいのが、これまでもお伝えしてきているように、自分の解釈や正しさを手放す意思が必要であること。自分とは意見が違う人、あるいは自分が大事にしたい教育観が自分とは異なる人がいた場合、つい「自分の意見が正しい」と相手を説得したくなるものです。ただおしゃべりをすれば「対話」になるのではなく、意見が違う人の考えを自分から聞きにいく意思がないと、本質的な「対話」にはならない。逆に自分自身の「こうあるべき」を超えたときその世界に入ることができます。

まずは「対話」への理解が深まった人たちを何人育てることができるか。そしてその人たちを中心に、少しずつ、でも着実にその輪を広げていくというイメージです。

(3) 学校経営方針に全てをつなぐものとして「対話」を位置付ける

図（次頁参照）は、滝合小学校の令和4年度学校経営方針を分かりやすく表現したものです。知・徳・体、すなわち「確かな学力」「豊かな心」「豊かな体」の三つをバランスよく育成しながら、未来を創造する子供を育てていきたいということを意味します。その中心にあり全てをつなぐものとして、「対話の力」を位置付けました。

滝合小学校では令和4年度が「対話」について研究発表を行う年であり、全ての教育活動をつなぐものとして「対話」をキーワードに見つめ直していきたいという意図の下、学校経営方針の中軸に「対話」を定めました。

皆さんの学校におかれましても、「今年は『対話』を重点的に行って、○○を改革していこう」というような学校経営のコンセプトに応じて、アレンジしていただければよろし

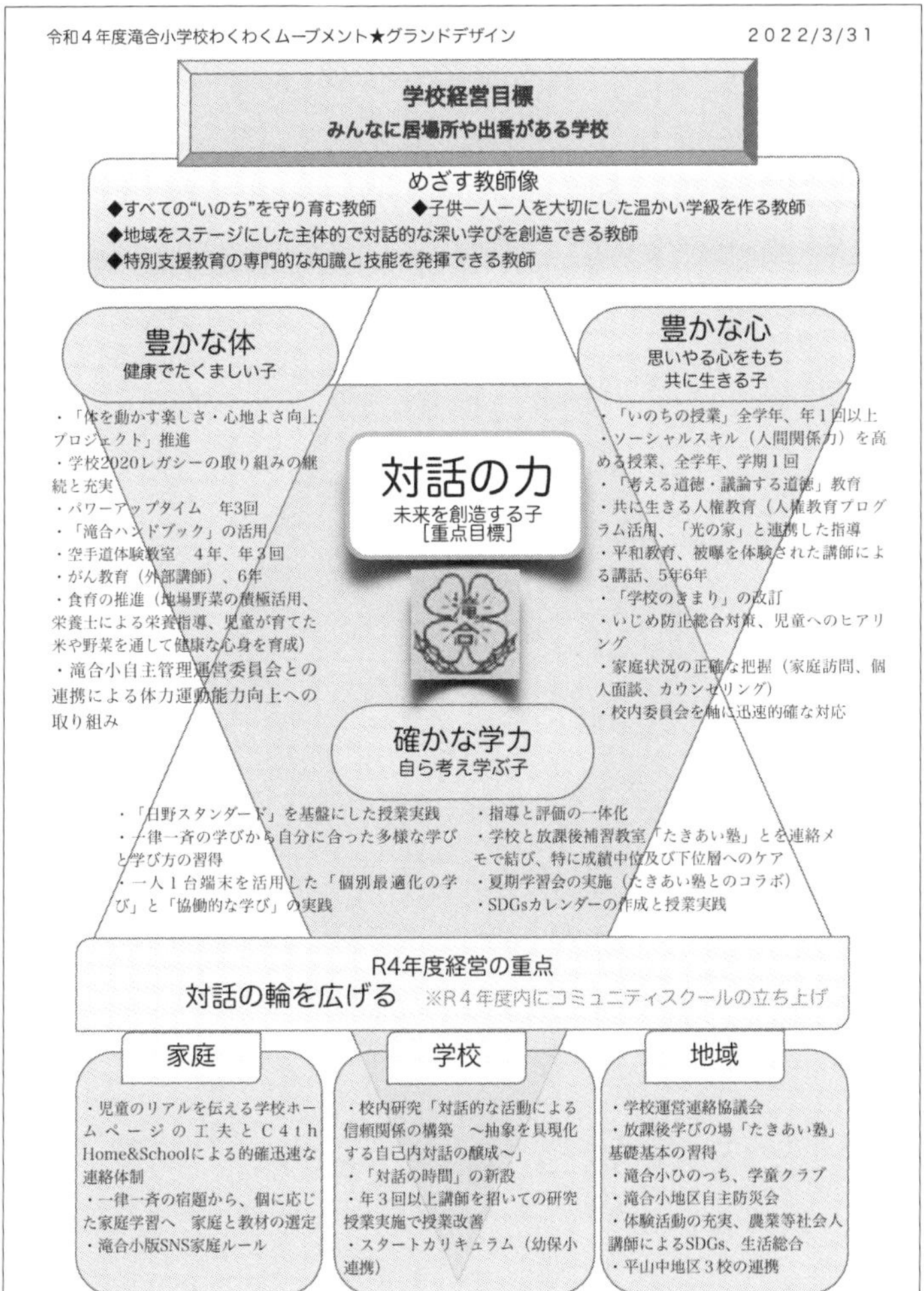

滝合小学校の令和４年度学校経営方針

いかと思います。

7 「対話」で教職員を育成する――人間力UP!

(1) よきファシリテーター*

先に述べたとおり、教員の中には、最初から「対話」が得意な人と苦手意識のある不得意な人が存在するため、個人差を前提に取組を進めていくことになります。教員同士でも「対話」が得意な人に学んだり、各チームの中で互いに助言し合ったりするなど、「対話」をする環境がいろいろな形で緩やかに存在していることが大切ではないかと思います。そうでなければ「対話」は浸透していかないでしょう。このような取組が学校内外の至る所で、自然発生的にあるいは意図的になされるようになれば、本当に素晴らしいことです。

ここでの管理職の役割としては、「対話」をどのように進めていくのかという具体的な経営ビジョンをもつことと、「対話」の機が熟すのを楽しみにしながら待つことではないかと思います。

「対話」の素晴らしさや極意が分かってきた教員は、学級でも実践したくなってくるものです。

例えば従来の授業や学級会で、不適切な意見を言った子供に対して教員が「それは違います」というように、審判者のようになってしまうことがあります。しかし「対話」の極意を身につけた教員ならば、「ではその中でどうしていきましょうか」と自らがファシリテーターとなり、子供たちがお互いの考えを安心して話すことができる「対話」の場を設けることでしょう。

「なるほど、そういうふうにしてみようか」「みんなでルールを決めてみよう」。失敗も成功も等価値の考え方で、子供たちにとって全てがよき経験になるという、おおらかな考え方で物事を進めていけたら、すごく素敵なことです。「対話」にはそれを実現できる可能性があるのです。「対話」に取り組むことによって、教員はよきファシリテーターとして成長していくのです。またその環境のもとで育った子供たちも、一人一人がファシリテーターとなり、互いに成長していく可能性もあるのです。管理職として、そのような教員や子供たちの姿を見ることができたならば、この上ない喜びです。

＊会議やミーティング・研修といった場面で参加者の発言を平等に引き出し、会議をゴールへと導く「進行役」。

(2) 相手から学ぼうとする姿勢

子供以外の対応においても、「対話」で学んだ力は大いに役立ちます。「担任は何を考えているんだ」「うちの子供が泣いて帰ってきた」など、皆さんの学校においても保護者や地域からの苦情や要望は少なからずあり、その対応が課題になっていることと思います。

しかし、「対話」の考え方を身につけていれば、「苦情からも学ぶことがある」という視点から対応することができ、たとえ厳しい言葉や理不尽なことがあったとしても、まずは相手のニーズはどこにあるのだろうと心の声を聞く努力をすることができるでしょう。このように相手をあるがままに受け止めてみようという気持ちは、私自身「対話」を学ぶ前よりもずっと強まっていることは確かだと思います。

それぞれの主張によってなかなか理解し合うのが難しいと思う相手は、どこにでも存在します。しかし最後まで理解し合えなかったとしても、「対話」を学び身につけていれば、激しくいがみ合うような関係にはなりにくいと思います。少なくとも、教員の立場で「えっ？　なぜそこまで言われなければならないのか」と憤りを感じるようなクレームがあったとしても、「まずは相手の話を真剣に聞いていこう」と冷静に立ち止まることができるはずです。

8

「対話」で子供を育てる
――思考力・判断力・表現力、心が豊かになる

教員が「対話」の力を身につけると、教員同士がありのままに本音でコミュニケーションが取れるようになってきます。学級においては子供たちにも「対話」のよさを体験させてあげたいと思うようになるので、発問や声掛けの仕方も変化していきます。「みんなはどう思う」「みんなの考えを言ってごらん」といったように、子供たちに相手の気持ちを感受させたうえで、一人一人の思いや反応を受け止め重ねていくようになります。

そんな先生の姿を目の当たりにした子供たちは、例えばなかなか言葉にできず黙ってしまうようなクラスメイトに対し「今、考えている最中だよね」などの優しい言葉をかけるようになります。そして、相手への思いやりが学級の中に広がっていくのです。このようなサイクルに入ってくると、子供たちの意欲や学ぼうとする力がどんどん高まっていき、学級がとてもよい雰囲気となっていきます。そして、子供の思考力・判断力・表現力の育成にもつながるのです。

学級が育ってくると、子供は自分とは違う意見に対して、「そんなのおかしい」とは言いません。お互いに尊重し合う関係になっているので「私の考えとはちょっと違うけど、

そういう意見もあるのかなと思いました」と穏やかに反応したり、国語や算数等の授業の場でも、子供たちは安心して間違えたりすることができるので、生き生きとした学習活動へと変化していきます。

また、「対話」の力は学習活動以外にも子供たちにメリットをもたらします。例えば、学校に登校しにくい子がいたとします。「学校に行ったらみんなに何て言われるかな」「教室の扉を開けるときにどんな顔をすればいいんだろう」などとあれこれ悩んで学校に行けない、行きたくない状態が続いています。「学校へ行く」というハードルは周囲が考える以上に高い状態です。その子がある日突然、登校したとしましょう。

「対話」が浸透して育ってきた学級では、一人一人の子供がその子の心情を察して思いを感じ取ろうとし、「自分はどういう振る舞いをしようか」と考えを巡らせます。

「私はあの子のことをよく知っているから、こんなふうに声を掛けてみよう」と思うことも正解ですし、無口だがとても優しい心をもった子供が、そっとその子の傍に座り「何かあったら言っていいよ」と一声掛けるのも一つの「対話」の在り方です。このように、よき意思決定が相手との距離感の中で生まれていくのです。

私は「対話」が道徳的な心と結びつく、つまり「対話」は心も育てると実感しています。

9 「対話」で保護者・地域と連携・協働する——同じ目線になってみる

ないことです。

(1) 保護者との「対話」の事例

保護者との連携・協働は、子供たちにとってプラスの効果が大きく、学校経営に欠かせないことです。

とはいえ、とくに教員になりたての初任者が保護者と手を携えるなど、容易なことではないのも事実です。若手の教員にとって、自分より年上の方がほとんどでしょう。そんな人生の先輩方を前にしての「保護者会」に苦手意識をもつ若手教員は少なくありません。ただでさえ慣れない環境で緊張しているわけですから、保護者とどうやってコミュニケーションをとればよいか、考えれば考えるほど硬くなってしまいます。

そんなときは、ベテラン教員に習うことが一つの解決法になります。しかも「対話」によって教員同士の「関係性の質」が高まっていれば、より一層の効果が期待できます。滝合小学校では、「○○先生はどのような保護者会を開かれているのですか？　とても楽しそうだし活発に意見が飛び交っている様子なので、ぜひ見学させてください」と、若手教員がベテランの学級の保護者会参観を希望することがありました。

従来の常識では、他の学級の保護者会を別の教員が参観するということはほとんどありえないかもしれません。これは普段から「対話」による教員同士の安心・安全の関係が構築されていたからこそできたことです。また、保護者会に参加されている保護者も、同席して参観している教員を温かい眼差しで見ていてくださっているという素敵な関係性が見受けられました。

なお、多くの保護者会では、教員が学級の現状等について一方的に話をし、終盤で意見や質問を保護者に伺い、とくになければ終了――このように運営されている場合が一般的ではないかと思われます。悪意があってのことではないにせよ、学校側からの一方通行のようで、参加してよかったと保護者に思っていただきにくいでしょう。以前の滝合小学校でもそのような傾向はありました。

しかし教員が「対話」を学び、保護者のニーズにも関心が向いていった結果、「参加してよかった」と少しでも思っていただけるように動き始めたのです。例えば、話し合う内容自体を保護者に決めていただいたり、保護者同士がゆったりと会話や「対話」ができる時間を意図的に設けるなどの工夫がなされました。

いずれにしても、教員自身が、子供だけでなく保護者や地域の方々をつなぐファシリテーターとして持ち味を発揮することができれば、相互の関係性を好転させていくものと期待できます。

(2) 地域と協働した対話的な学びの事例

研究推進委員長のBさん（118頁参照）の事例です。Bさんが受けもっていた6学年の学級で、「対話」を基盤にして、地域や市役所と連携しての「総合的な学習の時間」が展開されました。

今、社会問題にもなっている「空き家」の利活用をテーマにした学習です。滝合小学校のある豊田の地域は、「おはよう」「お帰りなさい」と登下校の子供たちを迎えてくださる温かさに溢れた場所ですが、ふと子供たちは、街のあちらこちらに空き家があることに気付きました。日野市の職員から市内の空き家に関わる現状等を教えていただき、さらに空き家の所有者の方からも直接、願いや悩みなどを聞くことができました。

「空き家にしておくのってもったいないよね。空き家を活用して、何か日野市の活気につなげられないかな？」と探究が始まりました。

「空き家を活用したいがどうしたらよいか」という空き家所有者のニーズ（思い・課題）と、「何百件とある空き家をなんとか活用してあげたい」という市役所のニーズ（思い・願い）の両者を、子供たちのニーズ（思い）が結ぶという、まさに協働的な学びのプロジェクトとなりました。

Bさんは、研究推進委員長として「対話」の校内研究を推進していくプレッシャーがあるなかでも、子供たちのニーズに迫りながら、子供たちのアイデアや創造性を生かしていく授業づくりを目指していきました。

子供たちによる空き家活用の話し合いは、「お化け屋敷がやりたい」といった、いかにも子供らしい発想からスタートしました。

ところが「対話」を大切にしながら学習を進めていくと、「ちょっと待って。子供にとってお化け屋敷は楽しいけれど、お年寄りにはどうかな。楽しいかな？」といった相手の立場に立った意見が子供たちから出てきたのです。すると「確かにそうだね。もうちょっと考えよう」「小さい子だって来るし、みんなが楽しめないと駄目なんじゃないかな」というふうに、どんどん話し合いが深まっていきました。さらに「お年寄りでも赤ちゃん連れでも楽しめる案を考えてみた」という子供が現れ、説明を聞いた子供たちはその考えに共感して、自然と拍手が沸き起こったのです。

それらの意見をもとに、「サロンみたいな場所がいい」「誰でも休憩したりお茶を飲んだりできる場所がいい」などのアイデアが絞られていきました。最終的にはいくつかのプランをもって実際に空き家の活用を予定している場所に行き、地域住民の皆さんに子供たちがプレゼンテーションをして、投票により空き家の活用プランが決定しました。
そして現在、投票の最も多かったプランを中心に、空き家所有者と自治会の方々とで改修が進められています。近い将来、地域住民の憩いの場所へと生まれ変わる予定です！

（写真参照）

このように「対話」の力がベースとなって、「自分たちができることは限られている」「意見を出したところで、それが何かの意味をもつとは思わない」という考え方を大きく転換することができたのです。日野市地域協働課所管の「まちおこし事業」の推進にもつながり、具体的に社会を変革する力にまでなっていったのです。

この取組において、Bさんは力づくで授業を引っ張ろうとしたのではなく、終始ファシリテーターとしての役割を貫き、「対話」の基本である子供のニーズ（思い）を最大限に受け止め、子供同士、そして子供と地域とで「対話」を重ねるお手伝いに徹していました。

ここでは地域との対話的な学びの実践事例を紹介しましたが、これはほんの序章に過ぎません。「対話」をキーワードにすることで、無限の可能性があると考えています。

①空き家の所有者から直接願いや悩みなどを伺う

②子供たちのアイデアによる空き家の活用プラン

③空き家活用予定地で、地域住民にプレゼンテーション

④投票により、空き家の活用プランが決定

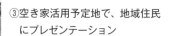

10 学校経営で「対話」が日常的になると——これまでの「あたりまえ」を超えて新しい未来を共に創造できるようになっていく

(1)　まずは一旦「こうあるべき」を脇に置く

講師の渋谷氏より、「話し方」と「聞き方」には四つのフィールド、すなわち「儀礼的な会話」「討論」「共感的・内省的な対話」「共創造・生成的な対話」があると、滝合小学校での研修会で教えていただきました。①あたりさわりのない「儀礼的な会話」と②本心から意見を述べる「討論」から、③自分の感情とニーズに自覚的になり相手の感情とニーズに共感する「共感・内省的な対話（Reflective Dialogue）」へ。そしてさらには④多様なものから全く新しい価値が生まれてくる「共創造・生成的な対話（Generative Dialogue）」へ。「生成的な対話」のフィールドまで到達することができたら、きっと新しい未来を共に創造する世界を開くことができる。私はそのように理解しています。

それにはまず、繰り返しになりますが、自分の中にある「こうあるべき」という概念を外すこと。「こうあるべき」という自分を一旦脇に置いて、子供や教員、保護者・地域という様々な立場にある相手とも、相手のニーズを軸にして「対話」をすることです。

(2) 子供のエネルギーが保護者・学校を動かす

当時の6年生は、コロナ禍の影響で宿泊を伴う日光移動教室に行くことが叶わないという事実を突きつけられ、やるせなく胸を締め付けられる思いでいました。しかしあきらめない気持ちで教員同士、教員と子供、子供同士で「対話」を重ね、「日帰りで行ける所はどうだろう」「歴史が今も残っていて比較的東京に近い鎌倉は……」というアイデアが出されました。数日後には有志の6年生が『鎌倉卒業旅行』の企画書を作成し、私のもとに持ってきました。これほどの内容を数日で仕上げたのかと思うほど素晴らしいものでした。

この子供たちの考えを受け止め、教員と保護者との「対話」も始まりました。「まだ訪れたことのない遠隔地で、子供たちの安全面は大丈夫だろうか」というもっともな意見が出されたり、「自費負担で構わないので、我々が現地の要所要所に立ってお手伝いします」と20名以上の保護者が手を挙げてくださるなど、「対話」による温かい輪が広がっていったのです。

ところがそのタイミングで緊急事態宣言が発令されて、他府県への旅行さえ叶わなくなってしまいました。しかし不思議なことにがっかりするというよりも、みんなでよく話し合ったなというやりきり感が強く、むしろ満足感を味わったという記憶があります。

そんなある日、6年生の代表の子供たちが私のもとに相談に来ました。

「結局私たちは日光移動教室にも鎌倉にも行けず、とても残念な思いをしました。そこで最後にお願いがあります。土曜日、私たちに学校を貸してくださいませんか」

卒業前に思い出をつくりたいというのです。「学校はみんなの思い出いっぱいの場所。最後に思い出を残したいから、学校でイベントをやらせてほしい」と結論づけました。それもただ学校の施設を開放してほしいということではなく、思い出の時間割になぞらえて、「1時間目は体育館で軽い運動、2時間目はテレビの『逃走中（いわゆるドロケイ）』をやりたいです。放送設備も使っていいですか？　3時間目は……」というように、子供らしいオリジナルのプランを出してきました。そこで私は、子供たちや保護者の思いに応えるため、土曜日一日をプレゼントすることにしました。

以上は子供たちとの日常的な「対話」の一事例です。「対話」する内容は基本的に自由ですから、突拍子もない意見などが出されたとしても、頭ごなしに決めつけた批判だけはしないようにしています。言葉を選びつつも相手に寄り添って折り合いを付けていけば、大抵のことはよいバランスで答えに行き着くことが多いものです。元々自分の中に無かったことでも、相手との「対話」で奇想天外なアイデアが出てくることもあり、それがスリリングでとても楽しい。むしろ「対話」を丸ごと楽しめるようになれれば素晴らしいことと思います。

(3)「対話」のゴールとは

「対話」に取り組み始めて2年めのこと。渋谷氏から「加藤さん、滝合小での『対話』のゴールはどうしますか」と問われました。当時、「対話」とは何であるかをよく理解していなかった私は、それまでの経験則に基づいて、全学級が「対話」の研究授業公開をして教員も子供も「対話」の力を身につけられたらいいと浅い考え方をしていました。これに対して渋谷氏が少し難色を示された意味さえ、私はつかんでいませんでした。

結局、2年めは「対話」のゴールを明確に設定できないまま校内研究が始まっていったのですが、研究を進めるほどに教員の多様な教育観や価値観が表面化してきて、ネガティブな声や見たくないものが出てくるわけです。そんなとき、渋谷氏から「混沌を混沌のまま受け止め、不確実な葛藤とともに居続けられるか。しかしその先にこそ創造と希望があることを信じて、自己と向き合い続けることです」とアドバイスを受けて前進。しかしまた気持ちが揺らいだり防衛的になったり、自分を正当化したりの連続……。

そうしたプロセスから分かったことは、自分の「覚悟」です。教員からどのような声や感情が出てきても一旦は受け入れていこう、どこまでも相手の願いに思いを馳せていこうという「覚悟」が、校長に必要とされる前提条件なのだと気付きました。不思議なことに校長である自分の覚悟が定まると、それに呼応していろいろな教員の本来の力が発揮されるようになっていきました。

まず校長が自らの殻を破り、しっかりと「覚悟」を定めていく。そのうえで教員自身が「対話」を体験することです。少しずつ「対話」が広がれば、本音が言えるようになった、職員室の空気感が変わったなど、「対話」によって「関係性の質」が高まったと教員一人一人が実感できるようになることでしょう。

前置きが長くなりましたが、以上のようなプロセスを経てみんなが自分の本当の願いを自覚できるようになれば、自ずと「子供が主役の楽しい学校を創りたい」など、「対話」のゴールも自然に定まってくるのではないかと思います。

第2部
「対話」による学校づくり

1 「対話」する環境をどう整えるか——効率のよい「三つの柱」

(1) 校内研究：場の確保＝やる気スイッチ・オン！

教員はとにかく多忙なので「対話」する時間の捻出が難しい——このような悩みは、どこの学校でも抱えていらっしゃるのではないでしょうか。

「対話」に学校全体で効率的に取り組んでいくには、校内研究が最適です。校内研究はどの学校でも重視されていると思いますので、この位置付けをうまく活用することで全体の共通化と底上げにつながります。「対話」の実践を進めるのに最も有効な場所・時間と言えます。基本的には月1回・1時間半程度の時間を確保して、学校だけでやる日もあれば、講師に入っていただく場合もあります。

滝合小学校における3年間の研究期間のうち、初年度は本格的には動いていませんでした。先に述べたとおり、教員にはそれぞれ「○○したい」という思いがあるため、月1回の「対話」の研究や実践は嫌だという人や、「なぜ自分のことを公に話さなければいけないのか」と納得のいかない人もいました。そのように後ろ向きの人がいる一方で、「対話」の本を読んで勉強している積極的な人もいて、「対話」の校内研究に対する教員の温度差はかなりありました。端から見たら「なるように任せたような状態にしていてよいのか」と心配される状況です。

もちろんこれには理由がありました。私が校内研究の方針を言い過ぎてしまうと、教員はそのとおりにしなければいけないと窮屈に感じてしまい、かといって何も説明しないと「どのように進めたらよいか分かりません」と暗中模索になってしまう。私は、その間を通すようなことを常に考えていました。校長として引っ張っていくというよりも、まずは先生方の気持ちをどのようにまとめていくかに重点を置いていたのです。

他方、研究の中心となって牽引していってほしいと願う研究推進委員長や研究副主任、副校長とは、何度も話し合う機会をもちました。それはコアになるメンバーの意思疎通が無ければ何も始まらないからです。

そして「対話」の校内研究の進め方について、先生方と「対話」していくなかで大方の考えは、「対話的な学びは一体どういうものなのか、自由に学びたい」というものでした。正直なところ、研究テーマを決めるのでもなく、そのように自由気ままなやり方で大丈夫なのだろうかと心配ではありましたが、無理に取り組んでもらったところでよい成果など出るはずもないのだから、それならここは一歩譲って、最初の1年間は先生方が納得のいくようにやりたいことを自由にさせてあげようと考えました。もちろん、資金的な支えを頂いている教育委員会には事前に意図を伝え、一定の了解を得ながらの判断です。

その後研究2年めに入ると、不思議なことに先生方から内発的に「対話」を実践化するアイデアや考えが出てくるようになってきました。

放任のような状態だった1年めから、あちらこちらで「対話」の実践が始まりお互いに高め合うようになってきた2年めを経て、3年めはついにほとんどの教員のベクトルが同じ方向を向いて動き出しました。とくに3年めは、私の想定をはるかに超えるアイデアがどんどん出ては実践されるようになっていきました。

例示すると、教員同士の「対話」を自然に増やしていく工夫として考えた「授業ウェルカムボード」が挙げられます（76頁参照）。これは互いがどのような授業を行うかの情報をボードに書き込み、短い時間でも授業を見合い、よいところを自分の学級に取り入れ、授業者へのフィードバックを通して授業者が自分のよさに気付くような取組です。ほかにも『自己紹介カード』（自己紹介カードを掲示することにより、同僚の得意な分野などを知り、「対話」が円滑になる）（78頁参照）や、「対話的な場面を意図的に設けた保護者会の開催」「個々の保護者との『対話』によるオーダーメイドの家庭学習」などのアイデアが編み出されました。これには本当に驚いたものです。

研究発表会当日を迎える頃には全教員が主体的に活動し、どうやって「対話」の素晴らしさを伝えようかと研究発表会が待ち遠しくてたまらないような状態にまでモチベーションが高まったのです。その結果、いわゆる一般的な研究発表会とは大きく異なる、それまでに無いようなオリジナリティ溢れる運営となりました。

具体的には、研究会開始早々から5分間のプレゼンテーションを行い、研究の概要とともに授業参観の視点を事前にお伝えしました。子供を取り巻く環境の中で本質的な「対話」をいかに広く深く実動させていくかを追究するため、「子供グループ」「同僚グループ」「保護者グループ」の三つの視点からワークショップ的なブースを設け、参加者とも「対話」を行ったりしました。

一人一人の教員に「こうしたい」という思いがあったからこそ、また合意形成のもと決めていく流れがあったからこそ、教員のやる気にスイッチが入った。それが全体としての成功の秘訣だったと思います。校内研究を「対話」の母体として位置付けたうえで、管理職としての「こうすべき」を外していったところがよかったのではないかと思います。

(2)　教務部との協働：時間の確保＝業務はスリム化、研究はボリュームアップ

「対話」を深めていくにはゆったりとした時間の流れが必要となります。「対話」の時間は絶対確保する強い心構えのもと、何かを削らなければなりません。いわゆる「スクラッ

プ・アンド・ビルド」です。

ではどうやって業務をスリム化し、研究をボリュームアップしていくか。それはありとあらゆる手段で、教務部と協働して時間の削減を図ることです。「対話」の時間を確保するために、学校全体を改革していく必要があります。

滝合小学校では、まず職員会議や朝会・夕会などの会議の在り方を見直しました。それらをどのくらいの頻度で行えばよいかなど、一度まっさらにする思いで業務を再構築していきました。例えば、会議や打ち合わせは原則として30分で終える「トヨタ方式」の導入です。

次に、教務部には早期に研究の意図を伝え、共通意識をもって仕事を進めていただきました。新年度から研究を進めていくには、次年度の学校経営方針を策定する時期に教務部との話し合いを始めることが不可欠です。私の場合は、教育委員会による校長ヒアリングが実施された1月末から教務主任に意向を伝えていきました。年間計画を立てる際に、最初に研究日程を入れ込み、その後にほかの予定を入れていく段取り、手順です。

皆さんもご存知のとおり、スケジュールがおおむね固まった年間計画に後から予定を入れるのはかなり難しいことです。しかも校内研究の場合、年度途中から様々な要素が加わることが多いため、実施予定の項目は必ず教務部と年度前に共通理解をしておきます。「対話」の取組に限らず、これは学校で何かを始めるとき、管理職がやるべき大切なことだと思います。

(3) マネジメント：資金の確保＝校長の腕の見せ所

校内研究に優れた講師を学校に招くには、それまでに築いた人脈を活かしたり、教育委員会からの推薦を得たりするなど、それら一つとってても容易いことではありません。まして公立学校で自由にできるお金はごく限られた範囲ですから、十分な資金を調達できるか否かは至難の技です。校長によるプレゼンテーションで国や区市町村の研究奨励を受けるか、あるいは民間企業の支援を受けるか、いずれも校長のマネジメント力に依るところが大きいのです。

私が滝合小学校で研究奨励を受けたいと考えたのは、第３次日野市学校教育基本構想の下で資金的なバックアップが得られ、同時に教育委員会の紹介で優れた講師を招聘できる見込みがあったためです。多くの場合、負担感から研究奨励は教員からなかなか賛同を得にくい場合が少なくないと思います。しかし「対話」を本格的に学ぶことができ、しかも優れた講師の指導を受けられるといったメリットをきちんと説明すれば、多くの教員の理解が得られるに違いないと考えたからです。

先に述べた「場の確保」と「時間の確保」、そして「資金の確保」。これらは「対話」の取組を進めるための大切な環境づくりと言えます。

例えば、これから野球をやろうとした場合、グラウンドが雑草や石だらけの荒れ地では非常に危険です。さらにボールやグローブなど用具類もなければキャッチボールすらできません。そこで、野球をやりたいと思う旗振り役がみんなに声を掛ける前に、雑草を抜き、ゴミや石を拾い、グラウンドとして整備し、用具を調達しておいたらどうでしょう。その状態で「野球をやろう！」と声を掛けられたら、思わずやってみたくなりませんか。

これはあくまでも物理的な側面ではありますが、学校経営をしていくうえで、校長のマネジメントの一つとしての「資金調達」はとても大事なことです。滝合小学校に招聘した渋谷氏は、主に会社で様々な組織の立て直しを図ってこられた専門家です。そんな方が年間講師として来てくださるのは、研究奨励校に指定されたからこそ実現できたことなのかもしれません。

滝合小学校での取組を通して実感したのは、研究奨励校という大きなチャンスを与えられたからこそ、「対話」の講師を招くことができ、研究発表の機会もいただき、「対話」がより深まったのではないかということです。もちろん研究奨励校でなくても、工夫により「対話」をある程度進めることはできるでしょう。しかし、じっくりと腰を据えて「対話」

を極めていきたい考えであれば、研究奨励という機会を生かすこともお勧めします。

2 「対話」の本質を教職員にどう理解・浸透させていったか――コアチームづくりと信頼関係の構築

(1) 管理職なら必須！「核（コア）となる人材を見抜く力」

「対話」は、実践すればするほど深化していく素晴らしいものです。しかし、その本質を教員に理解してもらうのは簡単ではありませんでした。

研究奨励校として成果を出さなければならない側面もあり、焦る気持ちはありましたが、まずは先生方に研究内容を理解してもらう時間が必要だと捉えていました。決して感情的にならないよう自分の考えを一旦脇に置き、相手が納得するまでじっくりと話していく姿勢を崩さないようにしました。

そこで心掛けたことは、校長である自分自身がまず心を開いて、どんな人とでも「対話」する気持ちです。学校にはいろいろなタイプの教員がいます。新しい提案にすぐOKを出す人もいれば、1年かけてようやく動き出す人もいます。それらを全ておおらかに受け止め、教員の思いを感じ、価値を認めてあげることこそ、校長の役目だと思います。

そのためには管理職が自分の得手不得手をメタ認知*しつつ、教員の得手不得手も自分の側から感じ取りにいく。繰り返しお伝えしているとおり、これが「対話」の本質です。その結果、教員との「対話」で私が得たことは次のとおりです。

・「対話」の研究を委ねられる研究主任にふさわしい人物を見いだせた
・相手の思考パターン（ロジック）を把握し、対応の仕方が思い浮かんだ
・相手の気持ちを汲み取り、無理強いしないことの大切さを学んだ
・管理職が率先して「対話」を実践すべきことに気付いた

そのうえで、管理職としての自分を深く理解してくれる教員を一人でも多くつくっていくと、学校全体での共通理解が円滑になり、学校経営の安定にもつながります。

幸いにして、研究推進委員長のBさんがまさにそのタイプでした。私と副校長と研究推進委員長の三人でいつでもすぐに協働できる態勢のもと、少しずつアイデアを出し合いながら研究推進の方向性を定めていきました。

そして「対話」の導入・浸透に欠かせない「コアチーム」（69頁参照）をつくることをお勧めします。研究を進めるうえでコア＝核となる人たちを選任し、その人たちを中心に「対話」の取組を進めるのです。そこで大切なのは、管理職が〝千里眼〟をもっているかどうか。「コア」になりそうな人材をいち早く探すことができるかどうか。管理職にとって、

これは欠かせない能力です。しかし全てを管理職が選出するのではなく、職層や教員経験年数、性別などを考慮しつつ、コアチームの中心メンバーと「対話」して選出していくのが後のためにはよいように思います。

ところでBさんは、研究2年めに滝合小学校へ異動してきたばかりだったのですが、私は転任前の面接でBさんの能力を見抜いていました。「コアチーム」のメンバーに適しているのが直感的に分かったのです。

では、仮に「自分の学校にはコアとなる人材が見当たらない。コアチームはつくれそうにない」という場合は、どのようにすればよいでしょうか。

そのようなときはありのままに現実を受け止め、教員の育成に力を注ぐことではないでしょうか。私たち教育公務員は、民間企業のように人材をスカウトするシステムは基本的に無く、いただいた人材を大事に育成するほかありません。しかし、そもそも教員は、成長する子供の姿を我が喜びとする職業ですし、人の役に立ちたいという高い志をもってこの仕事を選んだ人なのですから、ほかには無いキラリと光る部分が潜在的に必ずあると信

＊自分自身を俯瞰的かつ客観的に見ること。人が「認知」するに至ったきっかけから結果に至るまでの全てを、自分自身で把握するということ。

じたいと思います。実際、そのような眼で接していくと、よいところが見つかるものです。それを私は「よき個性」と呼んでいつも大切にしています。このように親鳥が小鳥を大切に育てるような眼で共に時間を過ごしていくと、その中からよきリーダーシップを発揮する者が現れてくるのではないかと思います。これもまた、人を見抜く力の一部なのかもしれません。

(2) 相手のニーズ（願い）を感じ取る手法「エンパシーサークル」

研究2年めのあるとき、講師の渋谷氏が「エンパシー（共感）サークル」を用いて、相手のニーズ（願い）を感じ取る手法を教えてくださいました。本質的な「対話」への入門として、皆さんにもぜひ体験してほしいと思います。

例えば、誰かが「最近、辛いよね」と言ったことに対し「辛いね」と相づちを打てば、それは共感（シンパシー）です。それもよいことではありますが、エンパシーは「最近、辛いよね」の奥にある思いを感じ取っていくことなので、シンパシーよりも深く相手を理解した状態であると言えます。この違いを意識せずに会話を交わしてもエンパシーの領域まで達することは難しく、ただの愚痴の言い合いで終わってしまいます。

また、仮にエンパシーの状態になったとしても、必ずしも相手の主張に同意する必要は

エンパシー（共感）サークル

集まった人たちの中で、１人が「自分のエピソードを話す『話し手』」となり、そのほか全員は「話し手の感情やその奥にある大切にしたいこと＝ニーズに焦点を当てながら聴く『聴き手』」となるトーキングサークルのこと。「話し手」と「聴き手」は、決められた時間のなかで随時交代していく。

［進め方］

❶願いや思いが書かれた「ニーズカード」をサークル状に並べ、それを囲むように複数人で座り、「話し手」１名と「聴き手」を決める
❷「話し手」は、自分の中で消化しきれていないことや心がとくに動いた体験などを話し、そのほか全員は「聴き手」として「傾聴」に集中する
❸「聴き手」が、「話し手」から感じた願いや思いなどに合致する「ニーズカード」を選び、「話し手」の前に並べていく
❹「話し手」は並べられたカードのうち、選ばれた理由をさらに聞いてみたいと思うカードをいくつか抽出する
❺「聞き手」は❹で抽出されたカードについて、選んだ理由を「話し手」に説明する
❻「話し手」は、自分の前に並んだカードの中で、今の自分にとって最も大切だと思われるカードを２〜３枚選び、そのときどのような思いがあるかを話す

ありません。「対話」では、お互いに自由な存在であることが前提にあるため、たとえ自分とは違う考えであっても否定せず、相手を受け止め、認めることが大切です。

一方でいろいろな価値観が存在しすぎると、収集がつかなくなるのではないかと心配されるかもしれませんが、他者の心に対しても感度のよいアンテナを張っていくことになるので、自分から気付いて修正したり、適当な落としどころを見つけたりしていくことができるようになっていくのだと思います。

そして、教員に「対話」が浸透して一人一人が調整できるようになってくると、新たな段階へと進む可能性も広がってくるでしょう。最終的には「学校経営方針」や「学校教育目標」を全教職員で決められるようになると思います。それらはほとんどの学校では校長が定めていますが、教職員同士がお互いに信頼し合っていると、それができるようにもなりえるでしょう。学校の課題も全教職員で共有するので、「こんな感じでいきましょうか」とみんなで決められたとしたら、本当に素晴らしいことです。

私は滝合小学校でその段階に入っていけたらと思っていましたが、異動により道半ばとなりました。しかしながら、滝合小学校ではわずか3年間の校内研究で学校全体に「対話」が浸透し、学校経営の改善につながっていったのですから、手前味噌ではありますが、よくやってきたと思います。今、私は現任校で再び「対話」を日常的に生かすことができるように仲間をつくり頑張っている最中です。滝合小学校での経験をもとに、新たな挑戦を楽しんでいます。

(3) 真珠のような「コアチーム」

先に述べたとおり、「対話」に取り組み始めた初年度は、教員の意向を尊重して、教員が勉強していきたいというものをある意味自由に容認していました。しかしながら、管理職として何もしないわけにもいきません。核になる部分はしっかりとつくり、地盤を固めていかなければ2年め以降も無駄になってしまうかもしれないとの危機感がありました。

そんなとき、渋谷氏に相談すると「コアチームをつくるといいですよ」とアドバイスされたのです。初めて聞いた言葉だったので「コアチームとはどういうものですか」と尋ねると、「『対話』の研究に前向きなメンバーのことです。年齢層や性別、職層など、いろいろな立場の人がいる小チームのことです」ということでした。

そこで、とりあえず最小単位のコアチームを校長・副校長・研究推進委員長の三人で結成してみました。この結びつきの強いトライアングルこそが「核」となり、やがて教職員を導く牽引力のある「コアチーム」へと少しずつ変化していったのです。

こうして年度途中に結成されていったコアチームですが、例えるなら、それはまるで真珠づくりのようだったと思います。アコヤ貝の中に核を入れ、じっくりと時間をかけて育てていく。核の入れ方を間違えてしまうと、貝自体が死んでしまったり、うまく真珠にならなかったりすることもある。しかし手間暇かけて丁寧に育てられたものは、やがて美しい輝きを放つ大きな真珠となるというように。

滝合小学校でのコアチームは私たち三人の「核」からスタートしたわけですが、大きなコアチームになるまでには、ほかにも様々な試行錯誤がありました。

例えば、研究推進委員長らコアチームメンバー数名が職員室後方の一角を「サロン」と称して、教員間の「対話」を促すためのお茶会の場を提案したことがありました（77頁参照）。教員は参加自由で、もちろん参加義務はないことと、法令で定められている休憩時間を拘束することがないよう管理職として言うべきことは言いつつの、新しい試みでした。やがてサロンは「リラックスタイム」として先生方に受け入れられ、ゆったり休憩したり同僚と談話したり、授業や教材について自由に談義したりなど、意味のある時間と場所になっていきました。普段かかわりの少ない教員同士に交流の機会を提供することにもなりました。

(4) 先生方との信頼関係の構築

「対話」をさらに進めていくためには、管理職と教員との信頼関係の構築も重要です。私は校長の立場にありますが、まだまだ未熟者です。この職場では一番自分が分からない者かもしれないとの謙虚な心を忘れず、相手を敬いながら、一つ一つ丁寧に耳を傾けていく。その姿勢を貫くことに尽きると思います。

例えば、何か書き物をしているときに教員から話しかけられたら、一旦手を休め、その人の方に体を向き直しては「どうなさいましたか？」と相手の思いを受け止めていく。これを何度か繰り返すうちに、イライラしたり、今書いていたことは何だったかと忘れたりしてしまうこともあります。それでも自分より相手を優先していく。つい立場で偉そうにしてしまう自分だからこそ、それくらいして丁度よいのかなと思います。傾聴したつもりでも、つい「結論は何ですか」と話を遮ってしまいたくなっても、その心を横に置いて相手の話を最後まで聞ききる。相手の言葉が途切れたときに「そのことなのだけれど……」と話し始める。そのような日常の積み重ねが、教員からの信頼を得ていくことにつながると思います。

相手には相手のニーズ（思い・願い）があります。それを聞ききらないうちに途中で遮ってしまうと相手にモヤモヤが残ってしまいます。時には相手が心を込めて発した言葉さえも、跳ね返したくなることがあるかもしれませんが、まずは自分が「対話」の実践者として、最後まで相手の話を聞ききっていく。どんなに途中で口を挟みたくても、それを我慢し「うん、うん」と頷きながら聞きます。相手の胸に手を当てるような思いで聞ききり、「この人はこういうことが言いたいのかな」と感じ取ったら、全身全霊でお応えしていく。その繰り返しです。

ただ、それだけでは時間がいくらあっても足りません。そのようなときは例えば、「15分なら時間が取れます」などと事前に相手に伝え、傾聴と費やせる時間とのバランスを適切に取る。それは相手にとっても自分にとってもよいことと言えます。逆に、話を一言二言でやめてしまう相手には「もう少し詳しく教えていただけませんか、○日の○時から○時までの間はいかがですか」とこちらから話す機会を提案します。終わりの時間を設定することがポイントです。

このように、自分のできる範囲内で精一杯努力すればよいのです。これらは保護者対応の場面でも役立ちます。

３　「対話」の質をどう高めていったか――心理的安全性の確保をベースに

(1)　スタートは「関係性の質」

マサチューセッツ工科大学元教授のダニエル・キム氏は、組織に成功をもたらす考え方として「組織の成功循環モデル」を提唱しています。

成功循環モデルでは「関係性の質」→「意識の質」→「行動の質」→「結果の質」という四つの質で捉えており、このループがさらなる好循環を生むとしています**（図参照）**。

授業も学級経営も保護者との関係においても、行動を変えなければ成果は表れず、意識を変えなければ行動は計画倒れに終わります。そして意識を変えるためには、「関係性の質」を高める必要があるのです。

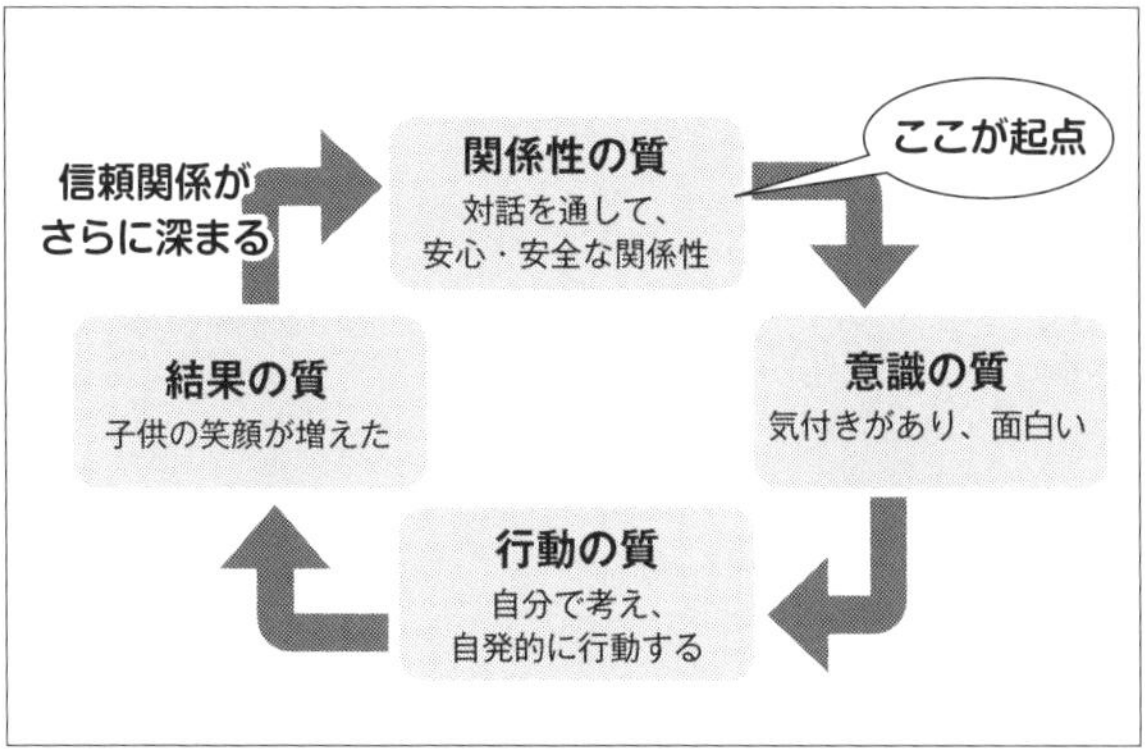

「関係性の質」を起点とした研究のサイクル

そこでこれら四つの質を基礎知識として全教員で共有し、「関係性の質」を高めることから、「対話」を本格的にスタートさせることを確認しました。これは研究2年めのことです。また、氷山モデルに示されているように、潜在意識の奥には約90％もの言語化されない大事なものが隠れているということや、「対話」をするにはまず「自分はどうしたいのか」という軸が必要であることも共通理解しました。

このように「対話」の初期段階では、先行研究やすでに証明されている理論、モデルの提示をすることが先生方の安心材料になるのではないかと考え、大事にしようと思いました。それが「対話」を教員に浸透させていくためには欠かせないことであり、そのプロセスを踏むか踏まないかで取組の舵取りが大きく左右されるからです。

そもそも教員集団は安定化の傾向があり、安心の中で取組が進められていく必要があるように思います。ただ「『対話』しましょう」と言っても、進めていくのは難しいのです。

最初はよく分からなかった人も、「対話」の研究が進むにつれ「やっぱり『関係性の質』は大事だ」というところに意識が戻ってきます。そして実践後、「本当にそうだ」と改めて実感する二段構えで「対話」を自分のモノにしていったと思います。

最初は頭で理解したことを、実際にやってみてお腹で納得する。そのサイクルは同じ場所をただクルクルと回っているのではなく、螺旋状に上へと進んでいくイメージです。このスパイラルが、次の段階ではいろいろなものに応用できるのだという安心感に変化していきました。

滝合小学校での「対話」の皮切りは教員同士の「関係性の質」の向上でしたが、それがやがて子供との授業場面や保護者との対応にも波及し、さらにもっと進んで、子供同士の関係性にまでよい影響を及ぼしていくことになりました。

では、教員・保護者・子供全員の「関係性の質」がすぐに高まったのかと言えばそうではなく、何事も急には変わりません。花と同じです。早咲きの花もあれば遅咲きの花もある。それが個人差ということなのです。

学校には、経験も違えば考えも違う人たちが寄り集まっています。大事なことはその「違い」に対し、いかに寛容でいられるか。とくに管理職ならば「それもありだな」という姿勢を根本にもっていることが大切ではないでしょうか。

校長に多いのは「鳴かぬなら 鳴かせてみよう ホトトギス」の秀吉タイプ。何とかして自分の思いどおりに事を進めようと無理強いしてしまいがちです。しかしそうではなく、目の前にいる教員を信じて待ってみてください。そして、よく見てください。花には咲く時期があります。咲いていないように見えても、つぼみがふくらみ始めているかもしれません。その「兆し」を感じることができれば、「もう少し待ってみようか」と思えるはずです。早咲きの花のような人は、その瞬間にもう笑顔になっています。「対話」に取り組み、すぐに実感を得た人から少しずつ、ピグマリオン効果的に「対話」の輪は広がっていくのです。それを楽しみにしていただければと思います。

(2) 泉のように湧き出るアイデア

「関係性の質」向上は全ての「対話」の出発点です。皆さんの学校の教職員の関係性が好ましくないと考える人は少ないのではないでしょうか。なぜなら教職員は日夜、力を合わせて学校をよりよくしようと努力しているからです。しかし「本音を言い合える組織であるか」との問いには、無条件に「ＹＥＳ」とは言いがたい場合もあるかもしれません。

そこで滝合小学校では「関係性の質」を高めるために、まずは教職員同士が本音を言い合える関係性を皆で構築していこうと話し合い、いろいろな角度から目指していきました。そのためには、教職員が自分たちのニーズを満たすためのアイデアを皆で考え、実践していくことが大切です。ここで三つの事例を紹介します。

①「授業ウェルカムボード」

いつどこでどのような授業を行うのかを書き込む、職員室のホワイトボードのこと。短時間でも授業を見合うことで、互いの間にある壁が低くなっていく。授業のよいところを参考にしたり、フィードバックを受けたりす

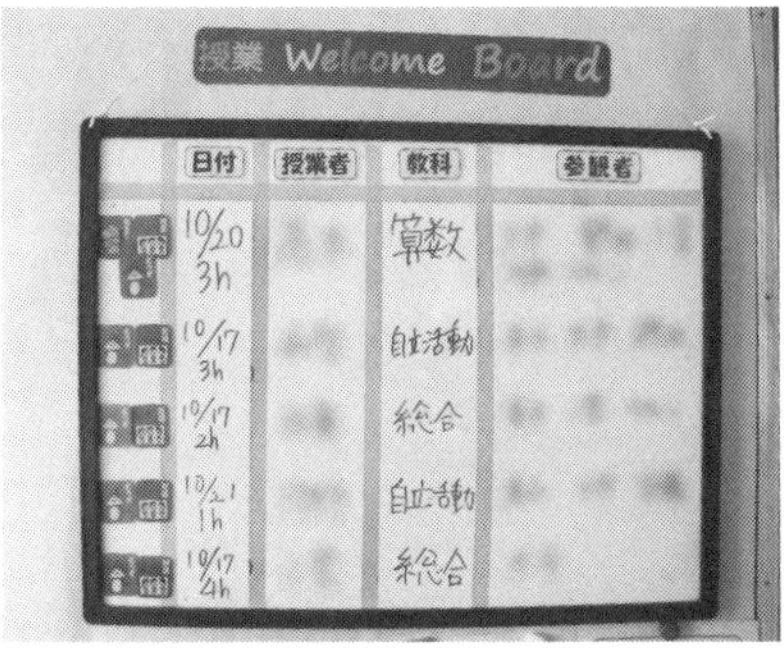

授業ウェルカムボード

教員の感想：どのような授業を行うのかボードに書き込みます。夕会で全体に周知し、短い時間でも見に行こうという意識が生まれました。その結果、互いに見合うことが習慣付きました。授業のよいところを自分の学級に取り入れたり、授業者へのフィードバックを通して授業者が自分のよさに気付いたりすることもできました。

お茶会

教員の感想：休憩時間にお茶会の時間を設定して「対話」を深めました。相互理解が深まる、とても充実した時間となりました。普段、かかわりの少ない教員同士で話すこともでき、話しやすい職場の雰囲気ができました。

ることで授業者が自分のよさに気付くことができる。

②「**お茶会**」　休憩時間に設定されたリラックスタイムのこと。参観した授業についての意見交換や授業アイデア等、フランクな「対話」ができるので相互理解が深まる。

③「**自己紹介カード**」　B6版程度のカードに自分の得意なことやほかの人に知ってほしいことなどを書き、職員室の談話コーナーに掲示する。「あの人にギターの弾き方を教えてもらおう」などといった話のきっかけが生まれる。

まず「授業ウェルカムボード」ですが、授業者は必ずしも授業自慢の人ばかりではありません。参加者もベテラン・主幹教諭・若手など様々です。誰でもウェルカムなので、ボードに名前を書いていない突然の訪問でも歓迎します。授業のよいところを自分の学級に取り入れることができたり、授業者は参観者から何かを言ってもらえたりするので、相乗効果があるのだと思います。この取組が浸透してきた頃には、教員たちは「関係性の質」から「意識の質」へ、そして意識が変われば「行動の質」も変わるという領域に踏み込んでいる状態となり、「授業を見ないでほしい」という壁はほとんど自然に取れていました。

そして教員は、四つのサイクル（関係性の質→意識の質→行動の質→結果の質）を繰り返しながらスパイラル状に「対話」を深めているので、子供たちにも好影響が波及して生き生きとした学級がつくられていきました。

　しかし、教員の「関係性の質」が向上しつつもまだお互いに発展途上で、少し伝えにくいということも当然あります。そのようなときは「お茶会」がフィットしました。授業後のちょっとしたスキマ時間を使って、リラックスした雰囲気の中で授業者に気付きを伝えたり、「対話」したりすることが可能となります。参観者から「私だったらこんなふうに考えるけど、どうかな」とお茶を飲みながら言われたら、授業者も嫌な気はしません。

　ちなみに一般的な授業研究は「なぜあのときに○○のような発問をしたのか」「どうしてあのときに板書をしなかったのか」など、「協議会」と称して、批判的な視点で議論しがちですが、滝合小学校の「対話」の研究ではそのような方策は取りませんでした。「○○が駄目だね」という次元ではなく、「『対話』が活性化している」という視点で授業を見ていく研究会だったので、教員は安心して「対話」に取り組むことができたのだと思います。そのような土壌があったからこそ、教員は子供と「よりよい世界」をお互いに追究していくことができるのです。責め合う・せめぎ合うようなギスギスした世界ではなく、互いに磨き合っていく感じです。

　そうなってくると、教員から「もっとこうしてみたい」という声が上がってきます。教員の内発的な動機付けが強化されることによって、授業改善等のアイデアが泉のように次々と出てくるようになる場面を、私はたくさん見てきました。それは「対話」の効果を教員自身がつかんでいるからです。このぐらいの領域に達してくると、研究が楽しくて仕方ないという気持ちでいっぱいになっているのではないでしょうか。

(3) みんなの「安心・安全」を確保しながら進めていく

最後に「自己紹介カード」についてお話しします。この取組を提案してくれた教員には感謝しています。当初は「本当に意味があるのだろうか」と私は考えていたのですが、やる前から良いも悪いもありません。「まずはやってみよう」ということで始めました。

私の場合、「昔はトラック運転手をやっていました」「趣味はギターとスキーです」「自分の専門教科は美術です」などと書いてあるわけです。するとそれを見た人が「今度、スキーに行きましょうよ」「ギターを教えてくれませんか」というふうに何気ない会話ができるようになります。「対話」にまでは到達していないレベルですが、それでも「対話」の入口に立とうという努力であり、その意義はあります。

「自己紹介カード」は、いわゆる「名刺代わり」の意味をもつのですが、課題もありました。カードは自分で記入したものではありますが、年齢・性別・経歴などの個人情報を取り扱うため、プライバシーの保護という観点から配慮が必要になってきます。そのほかにも様々なハラスメントやＬＧＢＴＱ等々、配慮すべきこともあります。そこでカードを見ることができるのは、校内の教職員のみにしようという話し合いがなされました（ただし研究発表会当日は、全教職員の合意形成のもとで掲示し、参会者には撮影禁止のお願いをしました）。

このように、新しい試みに対しても心理的安全性を確保しつつ、教職員みんなの合意のもとに踏み出すということが大事なプロセスだと思います。みんなの「安心・安全」を確保しながら進めていく。管理職はそこをしっかりと踏まえなくてはなりません。

例えば勤務時間も同じです。どの学校でも緊急時の時間外勤務は認められていると思いますが、基本は「勤務時間を守ること」です。「大事な職員会議だから」「研究だから」といって勤務時間を超過してまでやってよいわけはなく、勤務時間も当然守らなくてはなりません。前出の「お茶会」の実施についても、休憩時間だから自由にやってよいわけではなく、そこには「出たくはないけれど、みんなが喜んでしていることには水を差したくないから」などの微妙な思いがあるかもしれないことへの配慮も必要です。

お互いの人格やプライバシー、服務規程をきちんと守りながら、管理職と教職員がよいスタンスで付き合っていくことが教職員の心理的安全性につながるのです。

4 「対話」で教職員が育つとはどういうことか——相互作用がもたらす学び合い

(1) 研究推進部 vs コアチーム

ここで初っ端から行き詰まったエピソードを一つ。

多くの小学校では研究推進部があると思います。滝合小学校での「対話」の研究は、研究推進部主導で動かしていく計画でした。しかし部に所属していたのは、基本学年・専科・特別支援学級で各1名。研究をやりたい人、学年割り当てで入ってきた人など、モチベーションは様々でした。先に述べたように、当初は「対話」とはどういうものであるか見当がつかないので、研究初年度は自由に学びたいという教員の意向を受けて、自由に勉強していただきましょうという私の方針もあり、研究推進部からの積極的な舵取りはありませんでした。

こうした状況に対応して、前述のとおり、講師の渋谷氏のご指導により発足したのがコアチームです。「我こそは！　という人はぜひコアチームに」とのお誘いを校長として教員全体に投げかけましたが、実際にそのほとんどは管理職と研究主任とでスカウトする形となりました。

このように「対話」を推し進める主体が、研究推進部とコアチームの二重構造になりました。両者に上下関係はありませんが乱立してしまった形です。そうなれば、お互いに面白くないのです。研究推進部から見れば「自分たち（研究推進部）がいるのに、なぜそんなもの（コアチーム）をつくったのか」、コアチームからすれば「自分たちは請われたメンバーで構成されている」と主張がぶつかるわけです。

この時点ではまだ初期段階ですから、「対話的に解決する」というアイデアさえありません。両者に任せることができず、かと言って「こうするように」と指示したところで、すでにぶつかり合ってしまっているのです。管理職として責任がありますので、ここはもう最後まで一緒にやるしかないと覚悟を決めました。ここから先は話し合うしかないと思い、とことん「対話」することにしました。どういうやり方がみんなにとってよいスタイルなのか、時間をかけて話し合いました。

その結果みんなが出した答えは、「研究推進部はルーティンワーク。今後の研究の年間計画を定めたり、予算の執行を考えたり、研究記録を着実に積み重ねたりするなど、無いと大変困るものだがクリエイティブ性は求めない」。その一方で「コアチームは、うちの学校の『対話』をどういうふうにしたら進められるかという、正解のない答えを求め、頭を柔らかくしながら自由にアイデアを創り出す役割」という明確なものでした。そして、互いに棲み分けをして協力関係で進めていこうという結論に至ったのです。途中、大変嫌な感じの空気が流れましたが、最後は自分たちで答えを導き出せたので素晴らしいと思いました。結局、どちらの組織も生かすことができたのです。なかには研究推進部とコアチームの両方に所属している人もいましたが、それでもいいと本人が納得しているので、私は校長として容認しました。

この出来事は「対話的な活動」として意図的に行ったことではありませんでしたが、振り返れば、教員同士が自分を理解し相手を理解しながら「関係性の質」を高めるだけでなく、やがて「意識の質」→「行動の質」→「結果の質」へと昇華することにつながっていったのだと思います。あのような「対立」というプロセスも、「対話」を進めるうえでは大切なことだったのかもしれません。

対立から対話へ。一文字違うだけで、全然違います。本当に不思議です。

(2) 教員と共に管理職も育つ

管理職は常に判断を迫られています。とくに最終判断は校長の最も重要な仕事の一つです。

いろいろな場面で先生方が聞いてきます。例えば研究推進委員長も、自分なりの考えがあったとしても「これ、どうしますか」「どう進めさせるお考えですか」と迫ってくるわけです。そういう場面で「みんなが話し合えばいいですよ」などと無責任なことを言ってしまったら、まとまるものもまとまりません。

教職員に意見を求められたときは、「私はこう考えるけど、あなたはどうですか」と、校長自身がきちんと「自分を知り、そして相手を知り」という基本スタンス（研究奨励校としての研究副主題に設定したもの）で相手と「対話」をしていかなければなりません。

しかし教員の中にはすぐに答えを求めたがる人や、自己主張ばかりする人がいるので、そんな教員の態度に、校長も人間ですからイライラすることもあるかと思います。たとえそのような人がいたとしても、相手の言葉を感情的に受け止めるのではなく、むしろ「反発したいだけの思いが心の奥にあるんだな」と、冷静に受け止められるかどうかが重要なポイントではないでしょうか。

教員から判断を求められたり何か聞かれたりしたとき、管理職ならほとんどの人が瞬間的に「答えは○○だな」と見抜けるとは思いますが、即答せずに一旦受け止めて、相手のために熟考できる時間を取ってあげることも大事です。翌日に「昨日は一晩考えて、副校長さんとも相談し研究推進委員長とも相談したけど、やはりちょっと難しいかなと思ったよ」と穏やかに話すと、「校長がそこまで言うなら……わかりました」と、ほとんどの人は納得してくれるでしょう。

「対話」は、ただ相手の言うことを鵜呑みにするのではなくて、敬意をもって相手の思いを受け止めていくことであり、これを自分自身でも丁寧に行うことが必要なのです。

したがって、先に述べた「研究推進部 vs コアチーム」の一件は、「研究推進部とコアチームだけで解決しなさい」と突き放すことはNG。野球の監督のように、あくまでも管理職として冷静に全体を見ながらどのようにリーダーシップを発揮していったらよいか、「学校にとってどうなのか？　子供にとってどうなのか？」と俯瞰的に判断することです。

そして間違いなく、教員が成長する姿を見ることによって、管理職である私自身も育てられたのだと実感しています。

(3)　自らが変わる喜びを知る

「対話」は人間的な成長と密接な関係があるのではないかと私は思っています。「対話」は、ただの会話として相手の声を聞いているだけの表層的な精神作用とは全く異なるものです。自分も悩んだり苦しんだりするなかで、「いや、もっとこんなふうに」「こういう場面でいつもの自分だったら言い返してしまうけど、自分の気持ちは一旦横に置いて、相手の心を聞いてみる努力をしよう」というように、自分を変えてみようとする意欲がないと成立しません。「対話」が深まり、その学びが奥の方に入れば入るほど、「これはすごい」と思い知らされるのです。本書の冒頭でもお示ししたように、「焦らず弛《たゆ》まず『対話』し、自らが変わる喜びを知る」のです。つまりある一定の領域まで進むと、最終的には「自らが変わる喜び」に気付きます。

子供とのやり取りの例で言うと、一問一答のような授業はいけません。子供の答えに対して「いいね、正解です」などと、教員が正しい答えをすぐに言ってしまうスタイルです。そういう単線的なやりとりが、思考を広げない元凶になっているとも言えます。

そこで、子供の発言を受けて、教員が「なるほど。それで、ほかのみんなはどう思ったの？」というように、周りを巻き込んだ言い方を意識して、子供自身の思考を深めさせる役割に徹するのです。教員が「対話」のエッセンスをある程度習得し、教員としてのその場に応じた適切なスタンスが整えば、相手を生かしていく声掛けが自然にできるようになっていきます。学級に居合わせた子供たちもその環境下で本質的な「対話」を学び、やがては子供同士で互いに話を前向きに進められるようなファシリテーション力が高まれば、学校規模でよい影響が表れてくるはずです。

お互いを尊重することが普通にできる、でも言いたいことも言い合える、さらにみんなで高め合っていく――。このような状態になってくると、学級の中、そして学校中が大きな喜びに包まれていくことでしょう。そのときはもちろん、子供たちも教員も「対話」がより深く広くなっていることを実感すると思います。

5 保護者・地域・外部機関との「対話」をどう実践していったか
――互いの願いを「対話」で結ぶ

(1) わくわくする保護者会づくり

保護者には保護者の願いがあり、教師には教師の願いがあります。「子供をよりよく育てるため」という目的は同じにも関わらず、それぞれ立場が違うため、共に手を携えていくことが難しく、思いが噛み合わない場面はよくあることです。

保護者会に関する主な願いや思いを挙げるとすれば、このような感じでしょうか。

【保護者の願い・思い】
・子供の普段の学校生活や学習の様子が見たい
・保護者会では話を聞くばかりであまり出席する意味を感じない
・保護者会に欠席すると、子供にとっても不利益かもしれないので心配になる

【教師の願い・思い】

・学校のことを知ってほしい、努力を少しでも理解してほしい
・意義ある保護者会にしたいが、保護者と心を開いてお話しすることが難しく、資料を読んだり一方的に伝えたりするだけになってしまう
・保護者会に対する苦手意識をなくしたい
・保護者の本当のニーズはどこにあるのだろうか

教員の立場からすれば、子供一人一人への配慮に対し、なかなか理解してもらえない苦しさがあります。保護者から寄せられるクレームも少なくないため、際限なく対応し続けなければならない焦燥感で辛くなってしまいます。教員たちは皆困り果て、管理職に相談しても「いや、保護者の言い分は分かってあげよう」と、最後は泣くような思いで保護者に寄り添うことも多々あるのです。

これらお互いの願いの食い違いは、なんらかの工夫をしない限り分かり合うことは難しいと言えます。そこで「対話」をすることで、突破口を開くことはできないかと考え、様々な取組をしていきました。

まずは、研究チームの一つである「保護者グループ」のリーダーＣ主幹教諭（124頁参照）のスタイルを参考にするところから始めました。Ｃ主幹教諭は温厚な人柄で職位も高く、年齢層も上であるため、保護者から信頼を得やすいタイプです。「対話」の研究に取り組

む以前から、ギターを弾いて歌うなどして楽しくなるような保護者会を開いていました。そこで、悩んでいる教員には具体的にアドバイスをし、保護者会の雰囲気をいかに柔らかくするかという観点で支援をしてもらいながら、共にアイデアを考えていきました。

●取組①「行事や学校生活の動画作成」

アイスブレーキングとして、子供が生き生きと活動している運動会の動画を全員で鑑賞します。教員と保護者が一緒に見ることで、子供に対する視点を同じ「周波数」に合わせます。いきなり教員の話から入ってしまうと、保護者はどうしても硬くなってしまいますが、子供の様子を見るだけで、自然と笑顔になっている保護者は多いのです。

●取組②「子供アンケートをクイズで保護者に出題」

子供たちのやりたいことについてアンケートを取り、クイズ形式にして保護者に解答していただく企画です。自分たちのお子さんの話ですから保護者の関心が高く、気楽に話せる雰囲気づくりにつながります。

●取組③「保護者同士が『対話』する時間を確保」

保護者には保護者のニーズがあります。ですから保護者なりの悩みがいろいろとあったり、互いに意思が通うような場面もある。保護者同士が自由に話せる時間をぜひ大事にして差し上げるとよいと思います。

●取組④「保護者会開催前にＯＪＴで若手教員や悩む教員をサポート」

これらの取組について、管理職としては二つの関わり方を実践しました。

まず一つめはＯＪＴ（On the Job Training）です。おそらくどの学校でもやられていることと思いますが、「対話」以前に必要となることです。とくに若手教員や新規採用教員、悩んでいる教員へのサポートは大切です。保護者会の開き方については、主幹教諭や副校長等と一緒に基本的なことをレクチャーします。それでも、経験の浅い教員は悩んでしまうものです。そんなときは校長の私が一緒に保護者会へ同行してあげたり、「横で静かに見守っているから安心してやってごらん」と声を掛けたりしています。

二つめは「ペアリング」です。あることに得意な人と苦手な人で意図的にペアを組ませて、取り組んでもらうというものです。例えばＩＣＴの苦手な教員が「ちょっと一緒にやってもらってもいいですか」と得意な教員にお願いすることを、保護者にもオーダーできるような関係性をつくってしまえばよいのです。「おかげさまでこうして教員も皆様に育てられてありがたいです」と私が保護者会でポツリと感謝の言葉を述べたときに、より協力的になってくださり、「いい学校ですね」と保護者から逆に言われることもありました。

このように、先生方が努力して取り組んでいる姿をありのまま保護者に見せた方が不満やクレームが減り、結果としてよい方向へと進むことにもなるのです。

(2) 宿題はオーダーメイド

次に「家庭学習」についてお話しします。多くの場合、宿題と言えばクラス全員が同じ課題に取り組むというスタイルではないでしょうか。一番よくないのは、その日の授業でやり残したことをさせるパターンで、これはあってはいけないことです。逆にあったらいいなという宿題のスタイルは、「個別最適化の宿題」ではないかと考えます。子供の学力は様々ですから、一人一人の力に合わせたオーダーメイドのような宿題があったら、子供も保護者も喜ぶだろうなと考えました。それは「苦手なことにも取り組んでほしい」「計画的に取り組んでほしい」という保護者のニーズを日頃から感じていたからです。

そこで私とC主幹教諭は、宿題について根本から見直してみようと考えました。取り掛かりとして、「保護者グループ」研究チームリーダーのC主幹教諭の学級で試行的に実施していく目的で保護者の願いを詳しく伺いました。すると「いつもの宿題は5分で終わってしまうから、もっとたくさん出してほしい」という声がある一方で、「うちの子はこの課題をやるのに30分もかかっています。結局終わらないから、最後はいつも親子喧嘩になってしまうんです」などのリアルな声が上がりました。

そこで一見手間暇はかかりますが、取り掛かりの段階できちんと各家庭のニーズを把握していけば子供も保護者も本当に喜んでくださり、学力向上にもつながっていくことが確認できました。その後は、十把一絡げに「個別最適化の宿題」に踏み切るのではなくて、保護者会の折などに担任が保護者に説明し、合意できた学級から順次進めていくようにしていきました。

(3) 地域・外部機関への広がりはゆるやかに

地域との実践については、第1部で「総合的な学習の時間」（45頁参照）の事例を紹介しました。また、日野市は幼保小中連携推進事業を推進していたり、中学校区で地区青少年育成会が設けられたりしており、学校種を越えた連携は進んでいる方かと思います。しかしこれまで述べてきたような「対話」を考えた場合は、まだまだ発展途上の状況です。保護者とは学校だよりや学級通信、保護者会などのあらゆる機会を通して本質的な「対話」に近づいていきたいという意図を伝えることは可能ですが、地域に対しては――地域の実態にもよりますが、意思疎通を図ることはさらにハードルが高いと感じています。

関係機関には子ども家庭支援センター・児童相談所・児童館など様々あり、難しいのは、それぞれが別の方法で動いているため連携は簡単ではないということです。しかし「子供たちを幸せにしてあげたい」という共通の目的があるのだから、同じテーブルについて

「対話」の世界を広げることは不可能ではないと思います。

これまで教員間で「対話」を進めていったのと同じように、時間をかけて緩やかにつながりながら、「対話」の取組に賛同していただけたらと思っています。

6 管理職と子供との「対話」——「対話」のチャンスを見逃さない

(1) 常に「対話」を意識する

校長が子供と接する機会は、担任と比べるとかなり少ないため、あらゆる場面で「対話」のチャンスを逃さず、子供と関わろうとする意識や工夫が必要です。私の頭の中には常に子供との「対話」がキーワードとして存在している感じです。

当然これは子供に対してだけでなく、教職員や保護者・地域に対しても、同様の意識をもっておく必要があります。意識することで、それまで気付かなかったことが見えてくるからです。

例えば、街に出たときに「丸いものを探そう」と自分に意識付けていると、目の前にある様々なものの中から「丸いもの」が次々と見えてきます。まるで目の前がパーっと開けるように。逆に今度は「四角いものを探そう」と意識を切り替えると、丸いものは気にならなくなり、四角いものが目に飛び込んでくるように見えてくるのです。これは一説によると「右脳が開けた状態」と言うようです。

つまり、子供たちがどんな気持ちで毎日生活しているのか知ろうと思えば、そのスイッチは自分次第で入れられるということです。

まずは「対話」のチャンスを常に「意識」すること。意識をもつことがなかったら、何も始まりません。そして「対話」の基本である「子供のニーズを自分から取りにいこうと努力する姿勢」を常に念頭に置いて行動することを心掛けるといいと思います。

(2) 登校前から「対話」は始まっている

学校生活以外の場面に目を向けてみましょう。子供たちが登校する時間帯のことです。私は公共交通機関で通勤をしているので、その道すがら、子供たちと一緒になることがあります。友だちと楽しくお話ししながら並んで歩いている子、途中でしゃがみこんで困っている子、学校に行きたくないと電柱にくっついたまま動けなくなっている子など、いろいろな子供と出会います。

ある子供と一緒になったときのことです。「あ、校長先生が来た」と言って、大抵の子供は会釈ぐらいするのですが、内気な子はすぐにまた前を向いてしまいます。子供からすれば、校長は担任でもないので、あまり分からない存在です。「顔は知っているけどしゃべったことないから、なんだかちょっと話しにくいな」と思っている子供はたくさんいるでしょう。そういうときこそ、声掛けのチャンスです。その子とせっかく出会えたのですから。一期一会です。その子がどのような気持ちで通学しているのかなと心のセンサーを働かせて、「今日も一日、この子にとっていい一日になりますように」との願いを込めて「対話」していきます。

また、別の子供と関わる機会をつくるため、通勤時間を意図的にずらすこともしています。いつも職場に早く行けばよいというものではなく、自分の通勤時間さえも子供との関係性を育んでいく機会にもなり得るものとして私は捉えています。

(3) 「プラスワン」は魔法の言葉

朝の挨拶は「おはよう」だけとは限りません。

例えば、登校中に出会った子供に挨拶をすると、「いつもはもっと早いんだけどね、今日はたまたま登校が遅くなっちゃったんだ」など、いろいろなことを子供が伝えてきます。そういうときは「話してくれてありがとう」という気持ちで、自然に話が膨らむような返答を心掛けています。簡単に言えば「私は君と仲よくなりたい」と願いながら、子供と接する機会を無駄にしないようにしています。さらに「朝ご飯、食べたかな？」、こちらは分かっていても「今日は何時間目まで授業があるの？」と聞いたりして、どんな勉強をしているとか、こんなことに関心があるよ、といったことを言いやすくなる雰囲気づくりをしています。

ややもすると、たわいのないやりとりに見えるかもしれませんが、私は無駄ではないと思っています。こうした日常的な会話におけるシンパシーの中から、子供の心がスッと開くことがあります。そう頻繁に起こることではありませんが、学校に通う道すがらで、高学年児童と「会話」から「対話」の内容に発展していき、「それではお昼休みにまた続きをお話ししましょう」と約束することもありました。

校長という立場は、「偉い」「堅物」というイメージがあるのでしょうか。校長だというだけで、子供はみんなかしこまってしまうようです。だからこそ、私はあえて自分からそのイメージを崩し、フラットな姿勢になることを心掛けています。膝を突き合わせるような思いで相手に寄り添うことによって、見えてくる世界があるのです。

できる限りの努力をしないと、校長が子供と「対話」をすることは難しいのです。私はどんなときも「プラスワン」を心掛けています。朝、子供や教職員、保護者と出会ったら

「おはようございます」だけで終わらせず、もう一言添えます。「この間の音楽会ではいい音が出ていましたね」など、何でもよいのです。コミュニケーションを積極的に図っていきます。年齢や立場に関係なく、一人の人間として相手と向き合うことは、「対話」に求められる基本的な姿勢だと思います。

自分を変えるチャンスはどこにでもあるということです。この誰にでもあるチャンスを活かすか活かさないかは自分次第。そして「プラスワン」の取組は「今あることへの感謝。だからこそ、もっとみんなのお役に立っていきたい」、そうした意味も含んでいると捉えています。私自身、これからもずっと続けていくつもりです。

(4) みんなの心理的安全性を高める〝ぶらぶらの校長先生〟

「先生、今何してるの?」。校内巡回中の私に子供がしばしば聞いてきます。そんなとき、難しいことは言わずに「ぶらぶらしているんだよ」と答えます。すると子供は「へえー、ぶらぶらしてるんだ」と返してくるので、「そう。校長先生はね、ぶらぶらするのが仕事なんだ」と続けました。後日、その子の保護者と話す機会があったとき、私の顔を見てニコニコしているので「何かいいことでもありましたか?」と尋ねると、「いや、うちの子が『校長先生はね、毎日ぶらぶらしているんだって』と言っているのです」と答えてくれました。「そうなんですよ。ぶらぶらしながら校内を巡回して、子供たちの頑張る様子や、施設の故障箇所などをしっかりと見ているんです」と説明すれば、保護者は「やっぱりそうですよね」とまた笑いが出るわけです。「ぶらぶらしている」。そんなユニークな言葉選びも、時として大事なコミュニケーションになることがあります。

それは教員に対しても同じです。「先生方は私の部下だ」などと決して考えもしません。むしろ礼を尽くすべきであり、管理職は「教職員の皆さんがいてくれるからこそ、こうして組織が成り立っている」と、原点に立ち続けることが大切です。

すると自分の言葉に変化が現れます。「君は何をやっているんだ！」と責めるような言い方ではなく、「いつもありがとう」という言葉が先行します。その後から「ただ、このことは……」というように、声掛けの言葉や順序が変わってくるのです。相手に対するリスペクトとともに礼儀を尽くしながら、伝えたいことを言葉にするだけです。

子供にも教員にも、そして保護者にも、同じ目線で話すことがどれだけ日々の中で自然にできるかが、管理職として「対話」を深めていくことにつながると私は思います。

(5)　朝礼の講話を最大限活用

朝礼の講話について、校長なら一度は何を話そうか悩んで眠れない夜を経験されたことがあるのではないでしょうか。努力を続けて成功した偉人の話など、教訓めいた話題も時として引用させていただきますが、私は多くの場合、「今、学校で起きている事柄」や「教員や子供たちにとって身近な課題」を取りあげて話をしています。できるだけ子供の目線で投げかけられるようにしたいからです。講話をきっかけにして、校長室へ子供たちが何人も訪ねて来てくれたり、玄関に設置されている意見箱の中に意見を入れてくれたりといったことがあり、これもまた「対話」の取組の一部だと思っています。

●講話例①「校庭の芝生問題」

滝合小学校では校庭が全面芝生でした。その芝生の管理が実に大変です。4800㎡もあるので、夏は一生懸命作業する用務主事さんのTシャツ3枚が汗でびしょびしょになるほどです。しかもただ芝刈りをすればいいのではなく、たまには地面に空気穴をつくったり、栄養剤を散布したり、水の撒き方も一様ではありません。子供が何も考えずに投げた石ころで芝刈り機の刃が折れてしまうなど、いろいろな問題が発生するので、維持をするには相当な努力が必要なのです。

今ある芝生の校庭をただ利用するだけの視点ではなく、子供たちや教職員、保護者・地域のみんなで、大事な芝生を守っていこうという息吹をいかに醸成していくかが、学校経営の大切な課題の一つでした。これを子供たちにとって身近な課題として捉えさせるために、「対話」の場面が必要と感じていました。

私はまず「みんなにとって校庭の芝生はどういう存在ですか?」というところから問うと、子供たちは「緑が気持ちいいところ」「裸足になると、本当に嫌なことが全部飛んでっちゃう」と思いの丈を述べていました。

そこで私が「みんなにとって大切な場所なのですね。それでは、今はどんなふうにして芝生を管理しているのですか?」と尋ねると、1年生が「はい」と手を挙げ「用務のおじちゃんがやってくれてる」と答えます。「それはありがたいね、感謝だね。ではみんなも何かできること、あるかな?」というふうに子供との「対話」をしていきます。大人の側から「こうしなさい」ではなくて、子供の側から「自分はこうしたい」「こういうふうにしていくんだ」と内発的に考えられるような場をつくってあげるように投げかけていきました。身近な問題を提起することで、それまで他人事だった問題が自分事へと変化するのです。最終的には、日時を決めて、子供たち、教職員、保護者・地域のみんなで年2回芝生を整備する日を設けようという機運が高まりました。

●講話例②「ビオトープ」

滝合小学校の敷地内にはビオトープがあります。そこにメダカが泳いでいるかと思ったら、それはメダカに酷似している特定外来生物のカダヤシだと分かりました。「どのぐらい《・》の率でメダカがいるのか調べてごらん」と、飼育委員会の子にお願いしてみると、何と100匹中5匹程度しかメダカを確認できなかったことが判明。適応力の高いカダヤシに、メダカは食べられてしまっていたのです。

そこで「特定外来生物についてどうする」という話題を、身近な問題として提起しました。子供たちはカダヤシを駆除しなければならないことがわかったのですが、捕獲後はどうしたらよいかといろいろ考えるわけです。すると「メダカもカダヤシも同じ命ですよね」と言ってくる高学年の子供が現れたのです。「同じ命なのに、メダカは大事にしてカダヤシは大事にしないってどういう意味ですか?」と質問をしてくるのです。これにはなるほどなと考えさせられました。

やはりこれも、教員側が一方的に対応を教え込むだけのやり方ではなくて、「みんなはどんなふうに感じているのかな」と、こちらが「対話」の姿勢をもって間口を広げたからこそ出された声だと思っています。最終的に、日野市環境保全課の専門的なアドバイスをいただきながら、問題解決へと進めていきました。

●講話例③「学びの情報センター」

現任校の豊田小学校では現在、次の二つのことに着手しています。

一つめは「学びの情報センター」。校舎の大規模改築が予定されているなかで、「学びの情報センター」というものが設計に盛り込まれています。ここは単なる図書室でもパソコンルームでもなく、それらが融合して「主体的・対話的で深い学び」を実現せしめる施設・設備です。ホールの壁一面が全てスクリーンになっており、そこにプロジェクタで画面を映し出すと、映画館のように映像が投影できたり、海外や日本の子供たちとリアルタイムにつながることができたりします。また、個人やグループで多様な学びが可能なタイプの机・椅子を備えているなどの構想があり、市教委とともに設計図面に取り組んでいるところです。

そこで私は考えました。一般的には大人だけでプランを進めるものなのかもしれませんが、「学びの情報センター」をどういう場所にしたいと考えるのか、子供たちに聞いてみてはどうだろうか……。そこで市教委に相談のうえ、全校朝会の折に子供たちに投げかけて意見を聞いていきました。

すると、ある図書委員会の子供がこんなことを言ってきました。「私たちは普段、本を管理したり、おすすめの本を選んで紹介したりしています。下級生の子たちに本の素晴らしさをぜひ伝えたいので、読み聞かせのコーナーをつくってくれませんか」。素晴らしい発想です。その後設計担当者と協議した結果、この案が本当に実現することとなりました。

このとき、きっと子供たちは「自分たちがよく考えて働きかけることによって世の中を変えることができるんだ！」との思いを心に抱いたのではないかと思います。
そう、「対話」は世界をも変える力をもっているということではないでしょうか。

●講話例④「第二校庭」

豊田小学校には畑や田んぼ、ビオトープがある第二校庭があります。かつて地域の方にご協力いただき校庭を拡張してできたものです。この第二校庭における問題とは、子供は教員と一緒でなければ入れないルールがあることでした。その理由は、子供たちが第二校庭の敷石を動かして虫取りをして荒らしたままにしたり、走り回って畑の作物を傷つけたりすることが相次ぎ、注意しても改善されなかったからだそうです。それはとても残念なことだと思いました。

そこで私は、「校長先生としては、君たちが何がしかの約束を交わしながら、将来的にこの第二校庭にいつでも入ることができて、生き物や植物の観察をしたり、お友だちとゆったりと散歩したりできるような場所にしてあげたいと思っているのですが、いかがでしょうか？　ぜひ委員会や各学級で話し合ってみましょう」と子供たちに語りかけました。

その後、代表委員会の子供たちを中心に「対話」が重ねられ、ついに『第二校庭のやくそく』を定めました。ここまで5ヶ月を要していますが、代表委員会の子供から「第二校庭には今日から入れます！」との言葉を聞いたときの子供たちの歓声！　これはまさに、子供自身が学校で起きている問題にしっかりと向き合って話し合い、平和的に解決していくための行動や結果を表すことができた瞬間と言えます。

さらに代表委員会の子供たちは、第二校庭に関連して今後起きるかもしれない諸問題にこれからも対応していくことを表明しました。またこのルールは固定されたものではなく、運用するなかで柔軟に改定していくことも視野にあるということでした。これもまた素晴らしい発想だと思っています。

子供たち同士が心と心をつなぐいだ「対話」の温もりを通して、困難から立ち上がるエネルギーや希望の力を私は確かに感じました。この実践すべてが「対話」だと実感しています。

7 「対話」をどう評価していったか——みんなの「やる気」と「笑顔」が指標

(1) 数値化できない難しさ

「対話」の評価はとても難しい。その方法や指標はまだ確立できていない状況ではないかと思われます。現時点で明確に言えることは、「対話」が進むほど、教員の喜び・やる気が劇的に変わってくるということ。これが指標の大事なポイントとなることは間違いないと思います。

「対話」を極めていくと、また「対話」をやりたくなるものです。第1部で紹介した総合的な学習の時間では、「対話」を取り入れたことで子供の意欲に火がついて、最終的には市の施策に直結し、自分たちの手で社会をよくする段階にまで達していきました。

子供が生き生きと活動する様子を目の当たりにすれば、教員は授業が楽しくて仕方なくなります。するとその様子を見たほかの教員が、今度はその教員と「対話」し、楽しい授業のノウハウを学び取るモードに入っていきます。これは教員同士の「関係性の質」が高まったことにより「意識の質」→「行動の質」→「結果の質」をさらに高める、よりよいスパイラルへと続いていったことを表していると思います。

これらが教員間で自然発生していったことは、大いに評価できるのではないでしょうか。つまり、数値化できることだけが評価の指標ではないと私は考えています。

次に、「対話」に取り組んだ教員の感想を紹介します。

・子供が思うように動いてくれないのでイライラしていたが、今は寄り添えるようになってきた。自分の中が変化したと思う

・「○○であるべき」だと常に思っていたが、「△△でもよい」というように自分の中が

大きく変容した

・以前の自分は「子供に伝えたい」だけの一方通行だったが、今では「子供のことを知りたい」と思うようになってきた。子供から自分への逆向きのベクトルが現れてきたのは、子供のことを知らないと、本当によい授業ができないからだと気付いたから

・子供の思いを教師が感じ取る授業づくりに励んできたが、今では子供自身が「自分の思いに気付ける」方向に導くには、教師はどのように土台になっていけばよいのかと気持ちが大きく変容した

・結果で判断するのではなくて、真意で判断する。表面から内側へ、ではなくて、内側から表面へということ

ほんの一例に過ぎませんが、先生方の変容がよく分かると思います。

(2)「対話」により協働的な学びが豊かになっていく

「対話」ができるようになってきた人は、自分の心を大切にし始めるのと同時に、相手の心や考えも大切にし始めます。表情や言葉も柔らかく変化してきます。みんなの意見やアイデアを効果的に引き出しながらよりよい方向へと導き照らしていくファシリテーターとなっていきます。

そのような教員の姿を見ている子供たちも当然感化されていくので、「対話」が進めば進むほど、子供たちもファシリテーターへと育っていきます。そして最終的には、学習活動において子供同士でファシリテーションができるようになってくるのです。

このように、「対話」の指標の一つが「子供同士の学びの姿が実現していること」であり、すなわち「協働的な学びの実現」ということになります。それは、「令和の日本型学校教育」の構築を目指し、個別最適な学びと協働的な学びを充実させて「主体的・対話的で深い学び」の実現に向けた授業改善につなげるという文部科学省の方針に全く一致するものです。

(3) 子供の感想から分かること

研究発表の直前に、子供たちにどのような変化が現れたのか、アンケートをしてみました。

例えば、「学習の中で、先生や友だちの話を聞くことは楽しいですか?」という問いに、90%以上の子供が肯定的な答えを出していました。また、「学習の中で、自分の考えを話したり、伝えたりすることは楽しいですか?」という問いには、80%以上の子供が肯定的な答えを出していました。

　これらの結果から考察すると、教職員だけでなく子供たちの学びにおいても、安心して安全に語り合える「関係性の質」という基盤を整えることにより、教員と子供、子供と子供の間に多くの気付きや楽しさ、意欲の高まりを伴う「意識の質」の変容が得られることが明らかになりました。そして主体的な行動、他者との協働という「行動の質」の向上へとつながり、さらに子供の笑顔や深い学びが得られる「結果の質」の向上にまでつながっていくということが明らかになったわけです。

　つまりこの調査結果は、本書のタイトルとして示したように、「対話」が心理的安全性を高めるということにほかならないのです。

第3部

「対話」による人材育成

第3部では滝合小学校で「対話」に取り組んだ教員4名の事例を通して、先生方が「対話」によってどのように成長していったのか、人材育成の観点からご紹介していきます。

1 真面目で努力家だが自信がない。そんな若手教員の心を開いたのは「安心感」

【Aさん】プロフィール（令和4年度当時）
・教員歴：2年　・職位：教諭　・所属：5学年（担任）　・分掌：研究推進部
・「対話」実践前：真面目で努力家だが、堅い感じで緊張が強い。初任者や若手にありがちな自信の無さが見受けられる
・「対話」実践後：具体的な言葉として自分のニーズを表に出せるようになり、行動にも積極性が表れ始めた

【ステップ1】
礼儀正しいのですが表情は硬く、自分の意中を表に出さない印象でした。真面目で、あ

まり悩みを言わない。消極的ではないのですが、先輩教員についていく感じでした。

Aさんは高校までバスケットボール部でキャプテンを務めていたとのこと。意志が強く、本来、行動力・統率力のある人だと思います。

しかし若手教員の多くがそうであるように、Aさんもやはり様々な業務への対応はぎこちなく、何をすれば……どうしたらよいか……と、自信のない様子でした。

Aさんは「対話」の研究が本格的に始まった2年め（令和3年度）に、初任者として滝合小学校に赴任しました。その年に講師の渋谷氏との出会いがあり、ここからAさんの成長が始まりました。

【ステップ2】

情緒障害通級指導学級担当として教員1年めが終わる頃の職務面接で、「2年めからは学級担任をやってみたい」とAさんから申し出があり、私は積極性の表れだと受け止めました。「対話」の勉強をしていくうちに、自分のニーズがはっきりしてきたからではないでしょうか。担当していた特別支援教育の分野を極めてみたいという思いもある一方で、学級担任をやって、とにかく子供と「対話」をしながらよい学級をつくっていきたいという思いが湧いてきたと語っていました。

しかし、それでも「自分にできるだろうか……」と本人の中では揺れていたようです。私は信頼の厚いベテランのC主幹教諭（124頁参照）と学年を組んでもらうことで、AさんがCさんからたくさんのことを学べるような人事を考え、5年生を担当してもらいました。

ここで管理職として大事なのは、日常的な会話や職務面接の際も極力、対話的に進めていく努力をすることだと思います。最前線の現場で頑張っている教員のニーズを、普段から「対話」を意識してキャッチする。そして、そのニーズを自己実現させてあげる方向に全てを動かすことができたら素晴らしいと思います。

【ステップ3】

Aさんは教員2年めの秋頃から成果が出てきました。管理職に接する態度や表情も、1年めと比べてずいぶん柔らかくなっていきました。

研究発表会のエピソードがあります。発表会の前日、渋谷氏が来校して指導くださる機会がありました。多くの教員が渋谷氏を呼び止めてはあれこれとご指導いただくなかにあって、以前であれば遠慮していたかもしれませんが、このときAさんはあきらめずに、校長室で渋谷氏が戻って来られるのを待ち構えていました。

そして「少しお話を聞いてもらってもいいですか？　今度の保護者会を○○というふう

にしてみたいと考えています」「対話的な実践ができている先輩の先生のように自分もやってみたいのです」と自分の願いを一生懸命に話し出しました。ニーズを行動と共に具体的な言葉として表に出せるようになってきたのです。そのとき、Ａさんの強い意欲を明確に見ることができ、大きな変化を感じました。

研究発表会の当日は舞台に登壇し、渋谷氏の問いに対し、苦い体験談も含め、次のように堂々と答弁していました。

「二学期末の保護者会から、自分がファシリテーターとしてやっていこうと考えていましたが、やはりすごく難しい。上手く場を動かせないもどかしさを感じていました。学級担任になって初めての保護者会を経験してから、何か工夫できることはないかと思い、ほかの先生方の保護者会の様子を見に行ったのです。同じ教員でも年齢や経験が違ったり、子供がいる・いないであったりなどの違いがある。そうした多様な背景をもつ先生方がそれぞれの持ち味で保護者会を進めていて、保護者とのいろいろな関わり方があることが分かりました。私はまだ若いので引っ込んでしまうようなところがありますが、先輩の皆さんはすごくリラックスしてお話しされている様子が見られました。そのとき、自分もやがて、もっと伸び伸びと運営できるのかなと感じました」

自分がどのような保護者会を開いていきたいのか、将来のビジョンを同僚との関係性の中から見いだそうとしていました。そして先輩方からいろいろ教えてもらったり、講師や管理職からアドバイスを得たりしながら、テーマを「家庭学習」に設定し、対話的な保護者会にトライしたいきさつを次のように述べました。

「保護者からは『そういうやり方もあるのね。家庭へのお土産にしてみます』『さっそく子供と話してみますね』と受け止めてくださるのかと思いきや、『もっと学校で指導してくれませんか』『ベテランの先生の意見も聞きたいです』という声が聞かれたのは意外でした。保護者のリアルな声をいただくことができました」

保護者から「こんなことを言われてしまいました」ではなく、自分の思っていることと相手のニーズは異なることを、保護者とのやりとりを通じて分かったという前向きな捉え方をしているのです。がっかりするでもなく、批判するでもなく、自分と保護者のニーズに違いがあることを冷静に受け止めている。これはまぎれもなく「対話」による成長を意味していると思います。

【さらに成長していくためのアドバイス】

Aさんは保護者会の場でナイストライをして自分から心を開き、相手のニーズをつかむ貴重な体験をしました。ここで得られたことを教科の授業の場面、学級活動の場面、生活指導の場面等、あらゆる場で生かしてみたらよいと思います。

それから、校内で子供たちとすれ違ったときには、私が実践している「プラスワン（96頁参照）」を勧めたいです。なかなか口を開かないタイプの子供に、通りすがりに明るく「おはよう。朝ごはん食べたかな？」などと声を掛けてみる。そのようにして、日常に心と心を通わせる機会をたくさんつくる。いろいろな場面で「対話」を念頭に置いて、他者と共によりよい世界をつくっていく努力をしてみたらよいのではないかと思います。

これは何も若手や初任者に限った話ではありません。まだ自信がもてないのであればなおのこと。できないかもしれないという自分の殻を破って学んでいく。ポジティブに体験を積んでいくことが大事です。


【管理職の眼】


Aさんが成長したきっかけは、教職員間で「対話」をすることで得られた「安心感」です。心理的安全性の高い環境において、人は心を開きやすくなります。その結果、初任者や若手教員が伸び伸びと活動でき、成長へとつながるのです。

職場の心理的安全性の土台をつくるのは管理職の役割。みんなが安心・成長できる日頃からのかかわり合いを大切にしたい。また、安心して発言できる学校全体の雰囲気は、教職員みんなで心を寄せながら少しずつ創っていくものです。Aさんが土台の上に乗れたことは学校全体の喜びとなるのです。

2 センスのいいミドルリーダーがさらに磨きをかけ、学校運営の視点を身につけた

【Bさん】プロフィール（令和4年度当時）

・教員歴：15年　・職位：*主任教諭　・所属：6学年（担任）

・分掌：学年主任・研究推進委員長・コアチームリーダー

・「対話」実践前：センスがよく、器も大きい。子供心が分かる清々しい先生

・「対話」実践後：「対話」の力で子供たちの素晴らしさを最大限引き出せる「対話」の実践者へと成長

【ステップ1】

Bさんはもともと指導力がありセンスが抜群。1を言ったら10分かってしまうぐらい勘

がよく、こちらの言いたいことが「ポンッ」と伝わる人です。子供のニーズを感じないで授業をしてしまう教員もいるなかで、常に子供と一体化して、課題を一つ一つ消化しながら「わかった、それではこのようにして行こうか」という感じで進めていく先生です。

Bさんは研究2年めの令和3年度に滝合小学校に異動してきたばかりでしたが、異動前面接でお話しをしたとき、直感的に「この人はすごいな」と分かりました。キャリア的にもいろいろなことを経験しており、打たれ強くもある。自分からお金を出してでも研修を受けに行ったりするなど、普通の先生とはスケールがちょっと違う。器が大きいと言いますか、とにかく素晴らしい方だと一目で分かりました。次年度（令和4年度）、この人と研究をやっていきたいと強く思い、校長としての自身の眼を信じて、研究推進委員長に抜擢しました。

【ステップ2】

赴任早々から、Bさんはどんどん「対話」を進めていました。いろいろ悩みはあったと

＊東京都独自の職制。職務内容は、主幹教諭を補佐し、学校運営上の重要な職務を遂行する。また、同僚や教諭に助言や支援を行う。

聞いていますが、失敗は成功のもと。失敗と成功は等価値ですから、失敗があってよりよい世界が開けていくのは当然のことです。私は「別にそれは失敗じゃないよ」「やってみるといいよ」と励ましていました。

Bさんのよさは、悩みや失敗を苦にしないところです。「もう無理です」とは決して言わず、逆に「ちょっと見ていてください」と前向き。私が「どんな感じですか？ みんなに意図は伝わっていますか？」と聞くと、「まだ難しいですけどね。でも、もう少し見ていてください」。それで何をするのかと楽しみに待っていると、「ちょっとお茶会（77頁参照）をやろうと思っています」などと、新しいアイデアを提案してくるのです。いつも正攻法で正面から突破するだけではなくて、これが駄目ならこちらからはどうだろうといろいろな工夫ができる方です。

当時のBさんの悩みは、研究の組織全体がなかなかついて来ないことでした。「対話」は大切なことと皆が分かっているのに、「ではやってみましょう」とはならない。多くの学校は新しい取組を避ける傾向があり、滝合小学校も初めのうちはそうでした。

【ステップ3】

Bさんの成長は、本人が発した言葉からも伝わってきます。それは授業などの学校生活のあらゆる場面で「『対話』はすごい。いろいろな可能性を秘めていると思う。やればやるほど分かってくる」「なんと言っても『対話』で子供たちが伸びていくのを見るのが喜び」と述べています。

一方で教員の中で見ると「急に伸びる人がいたり、何年も伸びない人がいたり、これが現実なんだということが見えたのもよかった」「大人は凝り固まってしまって、子供に比べて効果が出にくいのかもしれません」と話していました。

Bさんが「対話」を通じて成長したことは二つあります。

一つめは、「対話」のリスポンスの技術です。

例えば、「あ、そうだよね」「あ、そうそう、それで正解」と教員が言った時点で子供の思考は止まってしまうのですが、Bさんは「これはどういうこと？」というように中間タイプの聞き方をすることで、さらに考えさせるのです。また、「なるほど、そういうことだね」と賛同する方に傾いた返し方をしたり、一方で「え、そうなの？」という驚きや発見を伝える返し方をしたりするなど、様々なバリエーションのリスポンスを巧みに使いこなすことができるようになりました。

このあたりも「対話」の極意と言いますか、相手のニーズを聞ききることに徹していくと、いろいろな言葉のバリエーションが生まれます。授業の中で生かそうと思えば、そういうところにも「対話」のエッセンスが出てくるのです。

そして二つめは、組織を調整していく力の向上です。

前述のように、Bさんの悩みの一つは、研究の組織全体がなかなかついて来ないことでした。しかし「対話」の研究開始から2年めの初めの頃には、Bさんが教職員に分け入り、研究推進委員会は「事務的なレベルでルーティンをどんどんこなしていくグループ」、コアチームは「未知のもの・どうなるのかわからないような、はっきりしないことに対しプロジェクトチーム的にトライするグループ」というそれぞれの棲み分けを何とか調整していきました（83頁参照）。

さらに教員間の「関係性の質」を高めていくなかで、従来の「研究授業」を改め、みんなが授業を見せ合う「公開授業」を始めたり、「対話」の対象者ごとの分科会「子供グループ」「保護者グループ」「同僚グループ」をつくったりするなど、「やらされ感」のない組織を構成し、みんなで考えながら「対話」を展開していく基礎をつくりました。

【さらに成長していくためのアドバイス】

渋谷氏から、次のようなことを教えていただいたことがあります。

「あたりさわりのない『儀礼的な会話』から本音を言う『討論』になっていくと、場が荒れたように感じるため、あたりさわりのない会話に戻ろうとする。それは意見の衝突を避けたくなってしまうから。『儀礼的な会話』と『討論』を行ったり来たりするうちに、次第に『対話』することを諦めてしまう。これが、組織が膠着した状態です」

誰もが意見の衝突は避けたいと考えるでしょう。実際、研究推進委員長のBさんは、教職員に対して言いにくそうにしている場面がありました。

しかし「ならぬものはならぬ」と明確に言わないと、組織の運営はうまくいかないこともありますし、組織のリーダーならば避けては通れないことでもあります。Bさんには、教職員にはっきりと言わないといけないこともある旨を何度か助言したことがあります。

自分にとって慣れ親しんだ価値観や居心地がよいと感じるゾーンを超えた先に冒険していくことで、人としても組織としても成熟していきます。このことを心に置いて、Bさんにはさらに前進していってほしいと思います。

【管理職の眼】

Bさんと共に過ごした2年間を振り返り、Bさんが教職員の心理的安全性をずっと大事にされる姿を見てきました。たとえどこにあっても、欠かせない人材として活躍されることでしょう。そんなBさんには、ぜひとも管理職への道を歩んで経営者を目指してほしいと思っています。

自分のことを一旦横に置いてでも、みんなのことを心配してあげられる。そうした素質をもった人は、管理職になるのに相応しい方です。

そして管理職になったならば、Bさん自身と同じように教職員を大切にする人を何人育てられるか――ぜひともチャレンジしてほしいと思います。

3 「授業名人」のベテラン教員が「指導・助言名人」の〝師匠〟へ

【Cさん】プロフィール（令和4年度当時）
・教員歴：32年　・職位：主幹教諭　・所属：5学年（担任）
・分掌：生活指導主任
・「対話」実践前：子供の意見への返し方が上手な授業名人
・「対話」実践後：後輩への指導・助言に磨きをかけた

【ステップ1】

ベテランの味を存分に発揮している先生です。穏やかに子供の考えをしっかり受け止め、子供自身が考え行動していく指導スタンスを貫いています。包容力があり、子供に対し大声を出すことは決してありません。

またCさんは授業名人です。最初のうちは「ふーん」と素っ気ない感じで子供に返しておいて「で、どうするの？」と、いつのまにか子供が考えないと先に進めないような雰囲気を醸し出します。授業の後段でもまとめを引っ張るのではなく、子供たちに自分の言葉でまとめさせていきます。

Cさんのもとを巣立った卒業生が教師になり、今度は教員の立場でCさんの授業を学びに来ていました。そのような一コマを見るにつけ、Cさんがこれまで素晴らしい教師人生を歩んで来られたことが分かります。

【ステップ2】

「対話」の校内研究が本格的に始まった頃、講師の渋谷氏がお見えになるなか、滝合小学校で一番身近な課題について全教員でニーズカード（67頁参照）を用いた研修会を行いました。テーマは「校庭に芝生が必要かどうか」です。滝合小学校には市内の小学校で最も広い校庭に、4800㎡もの天然芝生があるのですが、とにかくこれを維持するのが大変なのです。

「校庭の芝生はあった方がよい」と答えたのは、校長の私と副校長とCさんの三人だけ。ほかの教員のほとんどは「芝生は必要ないと思う」「手入れが面倒だ」と答え、「どちらでもない」と答えた人が数名でした。

考え方は人それぞれで、様々な考え方が存在してよいわけですが、Cさんは自分の考えが明確にありながらも主幹教諭という立場をわきまえ、冷静に全体のバランスを考えて答えを出しておられたようです。

Cさんは管理職と主幹教諭で構成する「学校経営会」の重要な一員ですから、日頃から共に経営課題を考えたり独自のアイデアを出したりしてくださるので、発言や提案は最大限尊重していました。こと「対話」の研究推進においても、共に「どのようにすれば進めていけるだろうか」というスタンスでいてくださった方です。

【ステップ3】

「対話」によって磨かれたのは後輩への指導・助言です。若手のAさんをはじめ、中堅教員もCさんのところへ相談に来ます。それに対してCさんは決して偉ぶることなく親身に相談に乗っていました。まさに山本五十六の名言「やってみせ、言って聞かせてさせてみせ、ほめてやらねば人は動かじ」を実践しているようでした。

「対話」の取組を重ねるほどに、「授業ウェルカムボード」（76頁参照）に「こんな授業をやるので見にきてほしい」と積極的に発信し、お手本を背中で見せていこうとしていました。Cさんは、「私もやるから君もやっていこうよ」という、よいものはよいのだからどんどん見せていく自然体なのです。

これは学校に安心・安全の環境を醸成するのに極めて重要なことです。ベテランの先輩が率先して「対話」の実践に取り組んでくれた影響はとても大きかった。それも強制ではないですから、後輩にしてみればすごく心強いことです。職人気質の「なんでわからないんだよ」という感じではなく、「やってごらん」「よかったらいつでも見においで」という優しい雰囲気でした。ですからCさんは、学校に「対話」を浸透させた立役者の一人だと私は思っています。

では、なぜCさんがそのような行動をとっていたのか。それはCさんが自分との「対話」をしていたからです。自分のよき個性に気付いて、それを生かしていった。すなわち、メタ認知をして自身の個性を自覚し、「対話」を実践することでさらに伸ばしていったのだと思います。

なお、Cさんが得意とする良好な雰囲気づくりは、苦手とする人が無理してやる必要はないと私は考えています。それよりも自身の得意なことを見つけて伸ばしていった方がよいでしょう。それが現実的ですし、苦手な人がやると無理が大きすぎて喜びにつながりません。私が提唱したいのは、自分のよき個性に気付き、それを軸にどんどん実践して成果を喜びとして感じながら取り組んでいくことです。管理職としては所属教員をそのような方向に導いていけるとよいのではないかと思います。

得意なことを見つけるのにも適しているのが「対話」です。「対話」することによって、自分の得意なことが見つかったり、本当のニーズを知ったりすることができます。自分を見つめる機会が多ければ多いほど、本当の自分と出会えるチャンスが増えるので、見つかりやすいのではないでしょうか。

【さらに成長していくためのアドバイス】

Cさんは教員や子供への対応だけでなく、保護者にも輝く個性を発揮しています。例えば、保護者会において得意とするギターを弾いて、みんなで懐かしい歌を歌い、場を和らげてから保護者会の本題へと入っていったり、家庭学習をより意味のあるものにするために保護者一人一人と丁寧に「対話」を交わし、個別最適化を図ったりしています。

こうした素晴らしい指導技術を一人でも多くの後進に分け与え、育てていただきたいと思います。

【管理職の眼】

「対話」では相手の思いを聞ききること、じっくりと待つことが大切です。Cさんはその点で存分に力量を発揮しておられます。

しかし、待ちすぎてしまう場合もあり得るわけです。例えば、子供が問題を解決していくためのツールがほしいと望んでいるのであれば、一つ出してみせてあげる。もしほかにも方法があるならば、「ある」ということを教えてあげるのもありなのではないか。子供のニーズに合わせてパッとやってあげた方が、逆に伸びるということもあるのかもしれません。

このことについて、Cさんと「対話」したことがありました。「それは自分も感じています」と言っておられましたが、やはりその見極めは難しいところです。

授業のマイスターだからこそ、これはどうなのだろうかと高い問題意識をもって、今後もいろいろなことにチャレンジしてほしいと願います。これは今後の課題にしていただければと思っています。

4 初めは意欲の見られなかった中堅教員の〝劇的ビフォーアフター〟

【Dさん】プロフィール（令和4年度当時）
・教員歴：17年　・職位：主任教諭　・所属：2学年（担任）
・分掌：学年主任・研究推進委員
・「対話」実践前：キリンのように優しい愛されキャラだが、実は自分をさらけ出すのが苦手。石橋を叩きすぎるくらいの慎重派
・「対話」実践後：「忍ぶ」自分から、子供を「認める」教師へ

【ステップ1】

一言で言うとDさんは「愛されキャラ」。背が高く、見た目はキリンのような印象です。派手ではないですが、ほんわかしていて話し方は優しい。ですから、低学年の子たちはみんなDさんのことが大好き。本当に慕われていて、常に子供が群がって――右足、左足、腰と前、ぶら下がっていたと思います。

とにかく授業は丁寧。子供を大事にするので、私はいつも安心して見ていました。ただ、決してしかめっ面をしているわけではないのですが、少し硬い部分がありました。石橋を叩きすぎてしまうぐらい慎重なのです。そのため「対話」の研究のような新しいことは苦手かもしれないと思って見ていました。他者との「対話」で、自分をさらけ出すのが苦手なタイプです。ちなみに研究開始当初、自己開示する場面で、いたたまれなくなってしまったためでしょうか、研修の場から退席した方の中の一人がDさんでした。

【ステップ2】

研究発表会のときのエピソードです。

壇上で渋谷氏がDさんに「D先生。『対話』の研修のとき、あまり乗り気ではなかったですよね？」と振ると、会場の人みんなが「わはは」と笑いました。Dさんは「はい、そうですね」と返し、これがまた爆笑の輪になりました。渋谷先生はすかさず「正直、『対話』はどうでしたか？　リアルな声を聞かせてください」と質問しました。するとDさんはこう答えたのです。

「最初はこういう（避けるようなジェスチャーをしながら）感じでした」。またしても会場は大爆笑。Dさんはこうやって笑いをとる人ですから、子供もつい笑ってしまい、いつも楽しい学級をつくっているのです。

そして「自分でもよくわかっていない心の部分に『対話』で踏み込まれているのが、個人的には気持ち悪さがあったり、変な感じがしたりするんですよね。子供と向き合ったときに、同じようにいくのかどうか不安がありました。そのあたりで腑に落ちていなかったと感じています」と本音を吐露していました。

本質的な「対話」に取り組むと、最初はこのような感覚をもつ人は多いと思います。渋谷氏は「それが正直な声ですよね。私はたまにしか（滝合小学校に）来ないので定点観測のようにDさんを見ると、3年め（令和4年度）は別人のように変化した感じがしますけど……Bさんは感じていましたか」とBさんに振ると、「はい！」と。またまた、笑いの渦のある研究発表会でした。

ところで、Dさんの学級にはPTA会長のお子さんがいました。以前、保護者会に出席した会長は、Dさんのことを「固い先生だな」と思っていたらしいのですが、「(「対話」の取組が進むにつれて）非常にフレンドリーに話すようになってきたのを見てきました」と研究発表会の場で語られていました。会長はもう一つ、こうも話していました。「コロナ禍でマスクをしていましたよね。D先生自身が変わっていくなかで、こんなに笑顔で笑う人なんだって、そのときに分かりました。だから、心持ちが変わると表情に表れてくるんですね」。

これはつまり、「対話」を通して子供への指導と同時に、かかわる方全員に対しても自分を開いて相手を受け止めていく、そしてさらに自分をさらけ出していくという成長や変容がDさんの中であったことを示しているのだと思います。

【ステップ3】

ある日の研修が終わった後、Dさんは渋谷氏に次のような話をしたそうです。

体育の授業で男児二人が試合に負けてふて腐れ不満をもっていたところに、Dさんは指導に入っていったのですが、その対応で「自分は対話的なかかわりができたのだろうか」と疑問を抱いたそうです。そして「子供が帰ってからもずっとモヤモヤしていた」。モヤモヤの正体は一体何だろうかと渋谷氏が聞いてみると、Dさんは次のように説明しました。

「体育の試合後に挨拶をしたらノーサイド、不満等は一切言わないという価値観を子供たちに示していたはずなのに、文句を言っている男児二人はそこには共感していないし、『対話』をしてみたけども納得していなかった。子供たち全体の規律を保つ必要があるとか、教員としてはこう対応すべきだとか、体育科としてはこうしなければならないとか、そもそもこれは『対話』になっていないのでは……など、いろいろな思いが頭の中を巡ってモヤモヤしていました」

研究当初、Dさんはそのような見方はできなかったはずです。ところが「対話」に取り組むうちに「このモヤモヤは一体何かな」と気付くようになってきた。これが「対話」を学んだ一番の成果です。自分を振り返り、分析できるようになった。つまり内省ができたということです。

さらに渋谷氏が「本当は何を満たしたかったのですか。何があったらよかったのですか」と聞いていくと、Dさんはこう答えました。

「もっと子供たちを理解したかったということに気付いた」「モヤモヤの奥底にあるものがわかった」

子供たちを深く理解したいという思いと、それがうまくできないもどかしさに悩んでいるところに行き着いたのです。これからは、耐え忍ぶの「忍ぶ」から「認める」方向に自分を動かしていきたいと、自分のアセスメント（見立て）が立ったと話しています。

「『忍ぶ』から『認める』のが自分の中での途中経過だと思います。『忍ぶ』は、子供と教師の両面で考えました。教師の側だったら、忍耐や我慢できないとき、我慢してというとき、それからうまく言葉にできない感じを『忍ぶ』で捉えている。子供の側からは、我慢している子供たちやうまく言えないでじっとして『忍んで』いる子供たちが、お互いの気持ちとニーズを汲んであげる、『認め』てあげる。このような心を教師がもつことで、だいぶ意識や結果が変わってくるのかなと思っています。今、途中経過で完成形ではないのですが、これからは『認める』方向に動かしていきたいと思います」。

つまり「忍ぶ」に、ごんべんを加えると「認める」になる。ごんべん＝「対話」であることを一番表しているコメントなのかなと思いました。

【さらに成長していくためのアドバイス】

Dさんは、これまで述べてきたように「対話」の研究の機会を通して、自分を振り返りながら内省して自ら殻を破ることができた。言わば「対話」の体現者であると思います。

それだけでもすごいことなのですが、実はその少し前にも、自らの殻を破る「兆し」がありました。保護者から理不尽なクレームを受けた際、「自分はそのようなつもりは全くなく、ただ純粋に子供のためにと取り組んでいただけなのに、あまりに酷すぎる……」とモヤモヤ感でいっぱいになったのです。

その際に私は、「相手の言葉は確かにキツくて理不尽だけれども、その言葉の奥に何かを伝えたいニーズがきっとあると思うから、相手の言葉に引っ掛かるのではなくて、まずは相手の思いを受け止めるように努力しましょう」とDさんに伝えました。それは簡単ではないことのはずなのに、翌日Dさんは心を切り替え「分かりました。何はともあれ、相手を不快にさせてしまったことをお詫びしたい」と、実際に行動に移していきました。これはなかなかできることではありません。

Dさんは立派な方だなと思いました。「対話」が何であるかを深く理解する以前から、日常の中で相手の意を理解しようと無条件に努力できる人間性とでも申しましょうか、そうしたよきものをもち合わせているのだと思います。

【管理職の眼】

石橋を叩いて渡るタイプの人が「まずはやってみよう」と踏み出すことは、どれだけすごいことか。Dさんが自分にとってのコンフォートゾーン（慣れ親しんだ価値観や居心地がよいと感じる心理領域）を超えて、その先に踏み出していこうとの姿勢をもち合わせた今、人間的に大きく成長を遂げていると思います。また今後も、Dさんの存在そのものが、教職員の心理的安全性を高めるのに重要な役割を果たしてくれることでしょう。

この事例のように校長には、教職員一人一人の異なる個性を大きく認めながら、時間を掛け、心を掛けながら、その人の人間的な成長や能力の伸長を共に喜び、そしてそれに続く人を一人でも多く世に輩出していく使命があると私は思っています。

座談会

「対話」で私たちの学校はこう変わった

～新旧研究推進委員長・副校長の本音トーク

・B主幹教諭（令和5年度：滝合小学校主幹教諭、令和3～4年度：主任教諭・研究推進委員長・コアチームリーダー）

・D主任教諭（令和5年度：滝合小学校主任教諭・研究推進委員長、令和3～4年度：研究推進委員）

・E副校長（令和5年度：豊田小学校副校長）

・加藤敏行校長（令和5年度：豊田小学校長、平成31年度～令和4年度：滝合小学校長）

［司会］苺 いちえ

当時の滝合小学校の研究推進委員長と研究推進委員は「対話」をどのように捉え、推進していったのでしょうか。また、豊田小学校では今後どのように「対話」の取組を深めていかれるのでしょうか。新旧研究推進委員長と副校長にお話を伺いました。

◎「対話」への受け止め

――加藤校長先生から「対話」の研究奨励のお話があったとき、どう思いましたか。

B主幹　まず「対話」は話し合いというイメージがありました。学校運営の中でというよりも、授業の中で、よりよい話し合いや授業方法を研究していけばいいのだと考えていました。

D主任　私は正直、ピンと来ていなくて。B先生が言われるように、授業の中では話し合い活動をしてきたけれど、それと「対話」とはどう違うのか、そもそも「対話」とはなんだろう、子供とどう結びつくのか、不安な気持ち8割と怒り2割でした。他の先生方もそうだったと思いますが、実践が見えにくいことや成果が数値となって表れにくい不安があり、そして研究そのものと研究の意義を見いだせない自分への怒りがありました。

加藤校長　いろいろな感じ方や思いがあってあたりまえですから、私はそれでいいと思っていました。しかしBさんには「不安」の言葉は無かったと思いますよ。

B主幹　不安しかありませんでした(笑)。

加藤校長　全体に研究奨励を発表する前に相談したとき、即座に「はい。やりましょう!」と言っておられました。しかし不安はあったわけですね。

B主幹　そうですね。私が異動してきたのが「対話」の研究2年めだったので、1年めにどんなことをやってきたのか研究記録を確認してみると、「対話は分からない・つらい・いやだ」などの先生方のネガティブな感想がたくさん載っていたり、直接聞いてみたら「分からない」と言っていたり。この衝撃は強烈に覚えています。

振り返ってみると、多くの先生方に不安・不満があったのは、従来の研究の在り方ではないこと、「対話」は成果が分かりにくいこと、答えをすぐに出したいということがあったのだと思います。それに加えて私自身、研究推進委員長という立場でもあったので、何が進んでいるのか見えて来ないという苦労はありました。

加藤校長　「対話」をすると相手から望まない反応などもありますね。当然、教員からは拒否反応も出てきます。そこを受け止めてあげられるかどうかで成否が分かれると思います。教員は仕事柄「研究はこうあるべき」という考え方が根強いので、まずはそれを外していくことに時間がかかりましたね。

――E副校長先生はいかがでしょうか。加藤先生から「対話」についてのお話はされているのでしょうか。

E副校長　はい。普段から滝合小での実践等を伺っていてとても勉強になっているのですが、本校ではまだ「会話」のレベルで、「対話」まで達していないと感じています。

加藤校長　「対話」はやればやるほど深まっていくものですから、これから様々な問題が発生するとは思いますが、焦らずに取り組んでいけばどんどんよくなっていくと思いますね。

◎「対話」の進め方

――B先生は当時、「対話」の取組をどう進めていこうと思いましたか。また、D先生は現在、どのように「対話」の取組を進めていますか。

B主幹　私はコアチームにも入っていたので、「こんな研究やります・学びます」ということを積極的に情報発信し記録に残しては先生方とのコミュニケーションを率先して図っていきました。それでもすぐには理解してはもらえないので、とにかく理解している人から「対話」の実践を進めていくぞと。突貫工事みたいでした。

D主任　私はコアチームに相談に乗ってもらったり、講師の渋谷先生とお話をしたりするなかで、少しずつ「対話」について理解していきました。難しく考えなくてもいいんだと捉えられるようになり、今でも不安はゼロではないのですが、今年度は研究推進委員長として、これまでの研究や手段をベースにして、生活科と総合的な学習の時間で実践するようにしています。この教科・領域であれば、初めて「対話」をする人でも成果は分かりやすいから、安心できるかなと思っています。

加藤校長　BさんとDさんに研究の中核となってもらい「対話」の取組を進めていったわけですけども、私が一番すごいなと思ったのは、人の欠点を指摘するような従来型の「研究授業」ではなく、対話的な「公開授業」を自分たちの力で編み出し実践していったところです。実際どうだったんですか？

B主幹　「対話」の取組はほとんど前例がないので模索しながら進めていたわけですが、研究推進委員長になって2年めの1学期末頃に、「関係性の質」を上げることで全てがつながると気付いたのです。そこからいろいろなことが開き始めました。「研究授業」を廃止してみんなが見せ合う「公開授業」を始めたり、「対話」の対象者ごとの分科会（子供グループ、保護者グループ、同僚グループ）をつくったりなどしました。そして分科会を中心にみんなで考えながら、さらに「対話」を展開していった感じです。「対話」は関係性が大事であることが分かった。これが大きかったと思います。

加藤校長　Bさんは率先して「私の授業、見に来てください」と「公開授業」をしていきましたけど、あのとき、どのような気持ちで声を掛けていたのですか。

B主幹　まずは「気軽に授業を見に来ていいんだよ」という雰囲気をつくりたかったこと

と、「対話」は話し合いではないので、「一人で考えて内省するのも『対話』ですよ」と示していきたかったんです。先生方に「これならできそう」と思ってもらいたくて、心理面での壁を取り除いてもらうために、どんどん「公開授業」をしていきました。

加藤校長　なるほど。Bさんの話を聞いていて、やはり校長に求められているのは教職員を信じることだと改めて思いました。Bさんが主体的にいろいろな関係性のなかから、互いの授業を参観しやすい雰囲気をつくろうとしてくれたことが本当に素晴らしいですね。

――「対話」の時間をどうつくり出していくか、E副校長先生はどのようにお考えですか。

E副校長　まずは仕掛けていかないと何も始まらないので、特別活動での取組を促したり、校内研究としたり、生活科と総合的な学習の時間で実践したりするなど、意図的に戦略を立てて設定する必要があると思っています。先生方にはプランをしっかり示しながら、コアとなるメンバーが徐々に広がっていくようにしていくことが大事だと認識しています。

加藤校長　滝合小学校の場合は市の研究奨励でよい講師もついて研究を進められてきましたが、そうでない場合も多く、それは現任校の豊田小学校も同様です。Eさんが言われるように、仕掛けていかないと何も始まらないですね。与えられた条件のなかで、様々な手段を活用して、少しずつでもいいから「対話」を前進させていく。コアメンバーが増えていくと、加速度的に進んでいきますね。現任校はまだこれからですが、私もEさんと一緒に進めていきたいと思います。

◎研究奨励後・校長異動後の滝合小学校

——現在の滝合小学校では生活科等を中心に「対話」に取り組まれているとのことですが、加藤校長先生が異動されてからはどのような状況になっているのでしょうか。

B主幹　本校には、互いの考えを受け入れ、多様性を認め合う、一人一人の考えを大事にする風土が根付いていると感じています。「対話」の研究で培ったものが生きているのだと思います。

一人でも「対話」ができること（＝内省のこと）については、「対話」を本質的に学んでいかないと分からないことなのですが、そういう視点を本校の先生方は皆もっています。授業を参観するときに「こうすべき」という見方ではなく、フラットな視点に立っているため、チャレンジしている先生たちを認め合える。このような関係性があたりまえになっているのが、すごく大きな成果だと思います。

D主任　「授業のどこに『対話』の場面をつくりましょうか」と聞いてくる若手の先生や、「こういう子供がいたから、次はこうしてみるわ」というベテランの先生など、子供の思いを汲み取ろうという風土は続いています。子供のニーズをもとに、授業をつくっていこうとするような、「対話」の基本は今も変わらずあると思います。

B主幹　「授業ウェルカムボード」という取組もしましたけど、少しの時間でも授業を参観する先生がすごく多いのです。「交流授業参観」が日常化していますので、本校に新しく赴任された先生方は、そういったところから「対話」の風土を感じ取っていただけているのではないかと思います。

加藤校長　学校全体にそういう空気感があるのは素晴らしいことですよね。子供たちも安心できますし。

D主任　子供同士の関係性もすごく高まっています。新入生を担任している先生からは、子供たちの意図を汲み取るよう心掛けているといった話を聞きますので、やはり学校全体に認め合える風土が広まっているのだと思います。

E副校長　滝合小のこれまでの実践や現状を聞かせてもらい、本当に素晴らしいなと思いました。先ほどのお話にもあったように、本校の教員もやはり結果を早く出したがる傾向にあります。加えて、多様性を大事にして異なる意見も認め合う風土の醸成にはまだ至っていませんし、「関係性の質」においても教員みんなでスクラムを組んでいかなければならないのですが、なかなか促せておりません。本校での「対話」はまだこれからといったところですが、私自身は加藤先生の指導を受けて勉強しながら、「対話」でどのように学校が変わっていくのか楽しみにもしています。まずは興味をもっていそうな教員を、「対話」をテーマにしたPTAの家庭教育学級に誘ってみるなどしていこうと思っています。

加藤校長　学校に「対話」を浸透させていくことに王道はありません。やはり熟成の時間が必要。あとは何と言ってもコアになる人を何人つくれるかが大切ですね。

◎「対話」で得られたこと

――「対話」の取組でご自身がどんなことを得られたと思いますか。

B主幹　二つあります。一つめは、どんなことも「関係性の質」で考えられるようになったことです。子供同士、教員同士、子供と教員の関係性が何よりも大事だと。例えば、以前だったら子供が発する不満にはマイナスのイメージしかなかったのですが、不満が言えるということはそれが改善された経験があるということですから、小さな不満だったとしても子供が恐れずに意見を言える環境は素敵だなと考えられるようになりました。

二つめは、授業を見る視点において「対話」を常に意識するようになったことです。授業の中で「対話」、指導案にも「対話」と入れるのですけれど、「これ、対話じゃないのでは……」と気付けることがすごく増えました。そういう視点をもてるようになったのは、評価できるところではないかと思います。

今年度の実践で「対話」を積み重ねてきた成果かなと思ったことが一つあります。国語の授業でこんなことがありました。ある説明文の内容をどの程度理解できたか、黒板に書いた理解度を示す0点から10点のところに子供たちが名前を貼っていく実践をしたのですが、ほとんどの子が「分かった」の9点・10点につけるなか、「分からなかった」の0点・1点につける子が3人くらいいました。私がすごくいいなと思ったのは、子供たちが0点か10点のどちらが正しいかの話をするのではなく、0点にした子がどう考えているのかを聞きたい、その子の意見を取り入れたいという態度が出てきたことです。それを両隣のクラスでも実践してみたところ、同じような反応があったので、学校全体に「対話」の考え方が浸透してきたのだと思います。

加藤校長　これは従来、抱いてきたイメージとは違う安心・安全の現れですよね。自分以外の異質のものや全然違うものにも興味がもてるという安心の広がりです。そういう雰囲気が学級に醸成されているのは本当に素晴らしいことです。

D主任　私は「対話」を経験することで、相手の心を汲み取ろうという意識が強くなったと思います。１秒あるかないかですけども、自分の中の時間をもてるようになったのが成長したことかなと思っています。子供への声掛けも頭ごなしに言うのではなく、まずはその子の思いを汲んでからできるようになってきていると感じています。

B主幹　教員が頭ごなしに決めつけて怒ったりすることがないから、子供たちも安心感があり、生き生きしています。本校では今、全学級が本当にいい環境になっていて、先生方が個々の子供たちの課題に向き合えていると思います。

D主任　子供と先生との関係性はすごくいいですよね。

加藤校長　今求められている「個別最適化の学び」に近づいているのではないでしょうか。

もう一つすごいことは、Dさんが言ったように教師自身が成長を感じ取っているところです。これはなかなかあることではない。上司に圧力をかけられたり、自己肯定感が上がらなかったりといったことが世の中に多いなかで、地に足をつけるようにして、自分はこういうところができるようになってきた！　と喜びを感じるのはすごいことだと思います。Bさんとは違うやり方でDさんは自分の持ち味を生かして「対話」を学んでいったと私は見ています。

E副校長　本校での「対話」はまだ発展途上の段階で、私自身もこれから学んでいくところです。私は管理職として、目の前にいる教員が幸せになって豊かになっていくことが何よりも大切だと考えています。例えば、強がって同僚にきつくあたってしまう教員や、メンタルが弱くて本当に悩んでいる教員など、そういった人たちが一体どんな思いをもっているのか、それまでどういう道を歩んできたのか、職務面接などの場面で「対話」を通してしっかりと感じ取りながらご本人と共通理解を図り、管理職として優しく温かく支援をしていきたいと考えています。そうすることで教員にも変化が現れて、子供たちにも還元されていくと信じています。

◎「対話」による学校と子供の変容

――「対話」で学校や子供たちがどのように変わっていったと感じましたか。

B主幹　先生方が変わったというよりも元々もっていた力が発揮されたと思っています。私は研究発表会が印象に残っていて、いわゆる普通の研究発表会ではない運営をしたのですが（59頁参照）、全教員が生き生きと活躍して、講師の渋谷氏曰く「大学の文化祭」のような活気がありました。加藤校長先生が策定された学校経営ビジョンの中に「教師の願い」として「みんなに居場所や出番のある学校」というキーワードがあるのですが、まさにその言葉がぴったりな研究発表会でした。今年度もそのキーワードの風土が引き継がれていて、それぞれの先生方が個性を発揮できる居場所や出番がある。教員間に「（この授業や課題は）こうすべき」といったことがないから、様々なアイデアが出し合えているのがすごくいいなと思っています。

D主任　子供たち同士の寄り添い方がすごく温かくなってきたと思います。例えば話すことが苦手な子がいて、最初はみんなの前で話すことができなかったのですけれど、教室の中にお互いを認め合う雰囲気ができてきたからなのか、ある朝の日直で普通に話すことができたのです。私はそれにすごく感動してしまって。そういうところも「対話」で培ってきたことなのかと思いました。

加藤校長　このような学校では、不登校なども減っていくのではないかと思いますね。

◎ 管理職への期待

――加藤先生からの指導・助言で印象に残っていることと、研究推進をしていくうえで管理職にはどのようなことを望まれますか。

B主幹　加藤校長先生で印象に残っているのはやはり共感してくださったことです。ご指導していただいたというよりも、自分たちが取り組んでいることに対してパートナーとして見守ってくれたということ。とくに今回の「対話」はすぐに答えが出るものでもなかったので、管理職としてヤキモキされることもあったと推測しますが、そこをぐっと噛みしめて共感して待っていただきました。私が管理職に求めているのは「こうすべき」と指導いただくことではなく、寄り添っていただくことだと思います。

加藤校長　Bさんはこれまでいろいろと苦労され、前任校でも研究主任を務められて様々な指摘等を受けることもあったと思います。その中でも一途に子供のことを思って「対話」の研究を進めてくれました。私はすごいなと思って期待していました。だから異動1年めでいきなり研究推進委員長をお願いしたわけですが（笑）。

D主任　私が印象的だったのは、加藤校長先生が保護者対応を一緒にしてくださったときに、学校の立場からの主張も大事だけれど、保護者に寄り添うことで解決策が見えてくるということもあるよと示してくださったことです。

加藤校長　Dさんはある保護者からかなり厳しく責め立てられ、理不尽に感じたことと思います。しかし心を切り替え、保護者に真剣に向き合って思い（＝ニーズ）を受け止め、それを行動で返そうとしたんです。あのときの経験からDさんの教師人生は大きく好転したのではないかと思います。

D主任　だいぶ胃を痛めました（苦笑）。

E副校長　私は常日頃、加藤先生の近くに居させていただくので、B・Dさんが言われたこととほとんど一緒なのですけども、「寄り添う」ということでは、対立軸に立っても何も意味がないと理解しています。お互い寄り添いながら、みんなが大事なのだと。それはすごく勉強になっています。

「対話」には自己を知る部分がありますから、全てをしっかり反省すること、そして受け止めることで次を迎えられる。そういったことを改めて校長先生から学ばせてもらっています。

加藤校長　過分な言葉で恐縮です。逆に皆さんにありがとうと言いたいです。皆さんのような方々が居るから、よい学校に成っていくのだと思うし、これからもよい学校を創る担い手になってほしいと思います。ありがとうございました。

寄稿

「対話」による加藤校長先生の変容

合同会社ファミリーコンパス代表　渋谷聡子

初めて加藤先生にお会いしたときの印象は、物腰が柔らかく温和な一方、内側に強い信念をもっていらっしゃり、その強さをどう使えばよいか模索しているように感じました。「対話」による組織変容は、リーダーである校長先生の変容が鍵となります。3年間に渡る取組は、たくさんの希望や課題に直面する山あり谷ありの道のりでしたが、誰よりも加藤先生ご自身が「自己との『対話』」を重ねていったように思います。

「対話」の取組を通して、加藤先生が大きく変容されたと感じたことが二つあります。

一つめは、「子供のため」から「教職員が輝くため」へと意識が転換したことです。

最初に「今年度と3年後のゴール」について話し合いをした際、加藤先生は「『対話』の取組をする以上、子供へ還元するのが当然のこと。教員の『対話』は必要だが、1年後には子供に『対話』の授業をできるようになっていないと困る」とおっしゃっていました。

学校として「子供のため」を重要視することはとても大切ですが、ともすると「教師たるもの子供を最優先にするべき」「子供のためにちゃんと○○するべき（手を抜いてはいけない）」という先生への呪縛となり、どれだけ忙しく大変であっても「子供」に尽くすことがよい教師であるという空気が漂い、先生のウェルビーイング（心身の健全性）は後回しにされていきます。流れてくる川の水が清らかであるためには水源の森が豊かである必要があるように、子供にとって「源」である先生（大人）自身が自分を大切にできなければ子供も自分を大切にできないし、先生（大人）が満たされていない職場で子供が満たされる学校をつくることはできません。

また、「対話」の取組が目に見える成果として現れるまで時間がかかります。先生が「自己との『対話』」によって無自覚だった自分の思考や前提に気付き、違いを認め、先生同士が安心して本音で話し合える関係性が構築され、意識の変容とともに少しずつ保護者や子供への関わりや授業に変化が現れる、という流れがあります。「学校が変わったな」と誰もが感じられるまで数年かかることも珍しくありません。結果を急ぎ、先生自身や組織に「対話」の土壌ができていないのに「対話」を教える授業をしたところで子供の心には響きません。そのようなことを校長先生と話し合い、数年かけて目指したゴールへたどり着けるように意図をしっかりと保持しながら支援をしていくことになりました。

先生同士の「対話」を繰り返すうち、これまで表に現れていなかった先生方の感情や「願い」にみんなが触れ、先生自らの発案によって先生同士の関係性を育む様々な取組が始まり、いつしか加藤先生から出てくる言葉は「○○先生がすごいんです」「こんなことまでやってるんですよ！」と先生方のことばかりになり、これまでの迷いが晴れたようでした。

3年めに行われた研究発表会は、かつて見たことがない、まさに「先生による文化祭」のような会となりました。「対話」の要素を取り入れた本質的な研究授業の数々、新任の先生からベテランまで全教員が研究グループごとにブースに分かれ、「対話」を通した気付きや取組を、自分の得意を生かして自分の言葉で生き生きと情熱的に語る先生方を見て、私も胸が熱くなりました。「対話」によって耕してきた土壌に撒かれた希望の種から新芽が芽吹いたような先生方の姿に、ずっと辛抱強く見守ってきた加藤先生は心底嬉しそうに、そして誇らしげに何度も先生方を称賛していました。

二つめの変容は、管理職としての「力」の使い方がシフトしたことです。

「対話」を通した組織変容プロセスには、多様な感情や価値観を受け容れる「受容（LOVE）」と、目指す意図に向かって実現していく「力（POWER）」の二つの要素が必要になります。

近年、子どもや保護者、先生もどんどん多様化し「受容力」は鍛えられていくものの、「力」は出し方によってパワハラと捉えられたり相手を萎縮させかねないため、どう発揮していけばいいか苦難されている校長先生たちが多くいらっしゃいます。

力は二種類あります。「させる力（強要・支配）」と「する力（成し遂げる力）」です。

出会った頃の加藤先生は、自分の内側にある「力」が、ともすると先生方への強要になることを恐れ、ストレートに出すことを抑え遠回しに表現していたため、それが逆効果となり余計に伝わらなかったり、煮え切らない曖昧さが「校長は本当はこう思っているのではないか」という不信感や誤解を生んでいたように思います。しかし3年めには、先生方が自発的に考え、企画実行していくという先生方の「する力」を信じて後押しするところに、校長としての力を使うようになっていきました。取組の「結果」だけにとらわれず、先生一人一人が自ら考えたことをまずはやってみる姿勢を応援し、生き生きと取り組む先生の姿を心から喜び承認する加藤先生の揺るがない在り方そのものが、組織全体の「する力（成し遂げる力）」を引き出していきました。

滝合小学校の指導案には冒頭に「教師の自己内対話」という項目があり、「日々の授業における自己の課題・葛藤・悩み」が記されています。児童の課題ではなく教師自身の課題というのが実に画期的です。また、「本授業の願い」という項目もあり「学習のねらい」ではなく教師個人の「願い」が書かれていて、先生の熱意と人柄がよく伝わってきます。このような組織風土が醸成されたことこそが「対話」の取組の大きな成果です。先生一人一人の可能性と「対話」の力を信じたことで、結果的に、加藤先生が意図していた「子供の授業に還元されること」も達成されたのです。

おわりに

「自他の意見の奥にあるそれぞれの『願い』に気付き、内省し、他者と共有していくプロセス」を意味する本質的な「対話」が、教育を巡るいろいろな場面で交わされるようになるまで、多くのエネルギーと時間を要することを体験してきました。前任校の滝合小学校では足掛け3年を要しています。同時に、焦らず弛《たゆ》まず「対話」し続ける努力が必要であり、自らが変わる喜びを知るという領域に到達するまでは、個人差があるにせよ長い道のりであることを知りました。

しかし本書で示してきたとおり、多様性が進む昨今において、「対話」はこれからの学校経営に変化をもたらすために欠かせない手法であることを実感するようにもなりました。なぜならば「対話」の行く先には人としての成長があり、組織の変革にもつながる可能性が大いに秘められているからです。

そして何より私自身が、校長としての在り方を見つめることができたことが大きい。職場のリーダーとして何とか課題を解決しなくてはと、それまでの経験に基づいて力づくで対処しようとする自分の仕事のスタイルから、周囲と「対話」しながら智慧を出し合い力を合わせて解決していくスタイルに切り替えることは、簡単なようでなかなか難しいことでした。

多様性を認め、部下を信じて機が熟すのを楽しみに待つ。教職員の心理的安全性を高め、一人一人が伸びゆく職場の土台を担える経営者の喜び。「対話」は、自分をそのようにリセットする機会を与えてくれるのです。読者の皆様には、本書の中から「対話」の取組の価値を見いだしていただき、ぜひ「対話」を真ん中に置いた学校経営に挑戦していただきたいと思います。

私もまた同じく、新たに異動した現任校の豊田小学校で、皆様と共に第二の「対話」の花を咲かせていけたらと思っております。全く不思議な縁を感じますが、着任早々のある日、同じく渋谷氏から「対話」を学んでおられるという保護者が校長室を訪ねて来られました。前任校で私が「対話」を大切にして実践してきたことを、渋谷氏から聞かれたとのことです。そしてつい先日はこの方が主催者となり渋谷氏が講師となって、保護者対象の「対話」の研修会が開催されました。そこに教員も数名参加させていただき、『ダイアログカード（自己や他者との「対話」をサポートするカード）』を用いて「対話」の基本を学ぶことができました。

今はまだ、ろうそく一本に「対話」の燈火がようやく灯ったような状態に過ぎませんが、これから三つ四つ五つと合わせて燃えてゆくことにより、やがては消えない本物の燈火となっていきます。『焦らず弛まず「対話」し、自らが変わる喜びを知る』ことをスローガンに、数年間のロードマップを描きながら力強く前進していきたいと思っております。

本書を通して読者の皆様とつながり、「対話」を通しての互いの経験や学びを共有化し、子供たちの明るい未来のために、そして教職員が生き生きと自分らしく輝くことができるように、お互い切磋琢磨できたらこの上ない喜びです。

最後になりますが、合同会社ファミリーコンパス代表の渋谷聡子氏には3年間に渡りひとかたならぬご指導を賜り、誠にありがとうございました。また本書を発刊するに際し、教育開発研究所の皆様には大変お世話になりました。ここに厚く御礼申し上げます。さらに前任校および現任校の教職員諸氏には、取材に当たり惜しみないご協力を賜りましたことをここに深く感謝申し上げます。

令和6年1月　加藤敏行

[著者紹介]

加藤 敏行　かとう・としゆき

東京都日野市立豊田小学校長

1962年東京生まれ東京育ち。東京学芸大学大学院修士課程修了。８年間公立小学校教諭を務めたのち、教育委員会指導主事を経て、2013年より11年間校長職を歴任。「対話」による「みんなに居場所や出番のある学校づくり」を目標に実践を重ねている。趣味はギターとスキー。

「対話」で教職員の心理的安全性を高める！

みんなが安心・成長できる学校のつくり方

2024年２月１日　初版発行

著　者………………加藤敏行

発行者………………福山孝弘

発行所………………株式会社教育開発研究所

〒113-0033　東京都文京区本郷2-15-13

TEL：03-3815-7041（代）　FAX：03-3816-2488

URL：https://www.kyouiku-kaihatu.co.jp

E-mail：sales@kyouiku-kaihatu.co.jp

振替　00180-3-101434

デザイン＆ＤＴＰ…shi to fu design

編集協力……………苺 いちえ

編集担当……………大沼和幸

印刷所………………中央精版印刷株式会社

ISBN 978-4-86560-584-6　C3037